CÓMO SUPERAR LA ADVERSIDAD

CÓMO SUPERAR LA ADVERSIDAD

**EL HOMBRE O LA MUJER QUE TENGAN
LA PERSPECTIVA DE DIOS
¡SIEMPRE SALDRÁN VICTORIOSOS!**

CHARLES STANLEY

www.EditorialNivelUno.com
Para vivir la Palabra

Para vivir la Palabra

MANTÉNGANSE ALERTA;
PERMANEZCAN FIRMES EN LA FE;
SEAN VALIENTES Y FUERTES.
—1 CORINTIOS 16:13 (NVI)

Publicado por:

Editorial Nivel Uno, Inc.
3838 Crestwood Circle
Weston, Fl 33331
www.editorialniveluno.com

©2014 Derechos reservados

ISBN: 978-1-941538-66-1

Desarrollo editorial: *Grupo Nivel Uno, Inc.*

Copyright ©1988 por Charles Stanley
Publicado en inglés con el título de:
    How to Handle Adversity por Thomas Nelson, una división de
    HarperCollins Christian Publishing, Inc.

Printed in Colombia
Impreso en Colombia

A la señora Ralph Sauls
Mi inspiración continúa en los momentos
de mayor adversidad.

Quiero agradecer a mi hijo, Andy,
por sus opiniones y por su ayuda en la
investigación y la edición de este libro.

Contenido

Introducción

Hermanos míos, considérense muy dichosos cuando tengan que enfrentarse con diversas pruebas, pues ya saben que la prueba de su fe produce constancia. Y la constancia debe llevar a feliz término la obra, para que sean perfectos e íntegros, sin que les falte nada.

—Santiago 1.2-4

Sé de varias personas que están enojadas con Dios a causa de la adversidad que se ha presentado en sus vidas. Hay un hombre en particular que se niega a poner pie en la iglesia porque no consiguió el ascenso que pensaba merecer. Otra señora está enojada porque Dios no impidió que su hija se casara con un hombre no creyente. En cada uno de estos casos, la tragedia es que estas personas se pusieron espiritualmente del lado de afuera. No podrán avanzar espiritualmente ni un centímetro más hasta tanto cambien su perspectiva en relación con la adversidad. Justamente lo que Dios ha permitido en sus vidas como incentivo para crecer, los hizo entrar en un coma espiritual ¿Por qué? Porque se niegan a que «tenga la paciencia su obra completa [de maduración], para que seáis perfectos y cabales», como señalamos antes en el pasaje de Santiago.

Si no nos comprometemos con el proceso de madurez y crecimiento espiritual, jamás tendremos la capacidad de experimentar esa paz y sabiduría que viene de Dios, y que Santiago conocía. Jamás habrá gozo en el sufrimiento.

Animo a quien lee este libro a abrir los ojos a la fidelidad de Dios, y a abrir el corazón a todas las lecciones que Él anhela enseñarle por medio de las circunstancias de la vida. Y oro porque surja en victoria al descubrir la perspectiva de Dios para esta vida y la vida que vendrá.

Capítulo 1

Adversidad: ¿Quién está detrás de todo esto?

Cuando Jesús y sus discípulos pasaban a través de Jerusalén, se encontraron a un hombre que era ciego de nacimiento. Eso hizo surgir una pregunta con la cual los discípulos habían estado luchando por algún tiempo. Por eso preguntaron:

—Rabí, para que este hombre haya nacido ciego, ¿quién pecó, él o sus padres?

—Juan 9.2

Su dilema estaba basado en una suposición que habían aprendido durante toda su vida: que la enfermedad era señal del juicio de Dios. No había duda en sus mentes de que alguien había pecado. Pero, ¿quién había sido?

Los discípulos estaban tratando de responder, a través de su limitada perspectiva, una pregunta que nosotros también nos hacemos muy a menudo. *¿Por qué* sucedió esto? *¿Por qué* se fue mi hijo de la casa? *¿Por qué* se enfermó mi padre de cáncer? *¿Por qué* se quemó nuestra casa? *¿Por qué* perdí mi empleo? *¿Por qué* me demandaron?

Las preguntas son interminables. Cada uno de nosotros tiene una lista específica. Algunas veces las emociones se involucran de tal manera que ni siquiera nos atrevemos a verbalizar la frustración que sentimos, porque el preguntar y el darnos cuenta de que no hay una línea bien definida, amenaza nuestros fundamentos en cuanto a lo que pensamos acerca de Dios y de su bondad. Sin embargo, las preguntas siguen presentes.

Como los discípulos, estamos listos para ver la adversidad con una mente estrecha. Vemos hacia nosotros mismos y a menudo iniciamos un infructuoso viaje en nuestro pasado reciente; y algunas veces en aquel que no es tan reciente. Nuestro propósito es encontrar la razón por la cual estamos enfrentando la adversidad en la que estamos. Puede que surja un pensamiento como: *De seguro esa es la manera en que Dios se está desquitando. Sin embargo, si estamos convencidos de que nada de lo que hemos hecho amerita la magnitud de nuestra adversidad, parece que no tenemos otra elección,* sino cuestionar la bondad y la fidelidad de Dios.

En su respuesta a los discípulos, Jesús reveló otro error que era una plaga en la teología de esos días. Pero su respuesta hizo mucho más que eso. Nos ilumina y nos muestra una perspectiva mucho más amplia sobre el sufrimiento que la que tienen la mayoría de las personas. Su respuesta trae una esperanza a aquellos que hasta ahora han tenido temor de preguntar el *porqué* de las cosas. Nos permite ver más allá de nosotros mismos. ¡Y eso siempre es ganancia!

Jesús respondió: «No es que pecó éste, ni sus padres». En otras palabras: «Vuestro pensamiento está demasiado estrecho. Necesitan unas categorías nuevas». Creo que muchos cristianos que tienen buenos propósitos, necesitan hacerse de categorías nuevas en lo que se refiere al tema de la adversidad. El tener una forma de pensar demasiado estrecha en lo que se refiere a este tema, nos coloca una culpa de la cual no tenemos necesidad. Y como en el caso de los discípulos de Jesús, daña la perspectiva de uno con respecto al sufrimiento de los demás.

—Ni él pecó, ni sus padres —respondió Jesús—, sino que esto sucedió para que la obra de Dios se hiciera evidente en su vida.

—Juan 9.3

Las implicaciones de tal afirmación no son nada agradables. La frase «para que» denota un propósito. Había un propósito en la ceguera de ese hombre. Los discípulos veían esa ceguera como el *resultado* de algo. Sin embargo, Jesús les hizo saber en términos concluyentes, que esa ceguera no era resultado de algo que ese hombre hubiese hecho. Esa ceguera era parte del propósito de Dios. En otras palabras, *la ceguera de ese hombre provenía de Dios.* Debe haber sido una frase difícil de escribir y aun más de creer.

¿Es posible que la adversidad se origine en Dios? Todos nos sentiríamos mucho mejor si el Señor Jesús hubiera dicho: «Este hombre está ciego porque ha pecado, pero Dios va a utilizar esto de cualquier manera». Eso sería algo más fácil de aceptar. Pero Jesús no nos da otra salida. El pecado no era la causa directa de la ceguera de ese hombre, era Dios.

Un caso en cuestión

Observo que tal declaración vuela directamente en el área de la teología de la prosperidad que tanto prevalece hoy en día. Sin embargo, una declaración como esa en el Evangelio de Juan, deja perfectamente claro que Dios es el ingeniero de parte de la adversidad. No podemos dejar que nuestras inclinaciones teológicas (las cuales todos tenemos), interfieran con las enseñanzas claras de las Escrituras. Por dicha para nosotros, ese hombre ciego no es el único ejemplo bíblico que tiene a Dios como ingeniero de la adversidad. En 2 Corintios 12 el apóstol Pablo describe su lucha con la calamidad. Él, claramente, identifica a Dios como el ingeniero que está detrás de su sufrimiento.

Y para que la grandeza de las revelaciones no me exaltase desmedidamente, me fue dado un aguijón en mi carne, un mensajero de Satanás que me abofetee, *para que no me enaltezca sobremanera.*

—2 Corintios 12.7, rvr1960, énfasis mío.

Uno puede argumentar: «Pero dice que era un mensajero de Satanás». ¡Cierto! Pero noten el propósito de la adversidad que Pablo estaba enfrentando: «Para que no me enaltezca sobremanera». ¿Creen que Satanás podría ingeniar un plan para apartar a Pablo de la exaltación? Por supuesto que no. La meta de Satanás es *hacer* que nos exaltemos. Es seguro que él no va a trabajar en contra de sus propósitos destructivos. Así que entonces, ¿cómo encaja todo esto? Parecería que Dios quería causarle dolor a Pablo para mantenerlo humilde. Para lograr eso, Dios envió a un mensajero de Satanás a la vida de Pablo. Qué era exactamente, no lo sabemos. Sin embargo, una cosa es segura, la idea se había originado en Dios. Era su plan y utilizó sus recursos para llevarlo a cabo.

Aun cuando sea difícil de entenderlo, la Biblia describe a Dios como el instigador de parte de la adversidad.

En los capítulos restantes vamos a extendernos en lo que respecta a la relación que hay entre Dios y la adversidad. Estoy consciente de que para algunas personas he hecho más preguntas que las que he contestado. Y no importa que piensen así, ¡siempre y cuando continúen leyendo!

Nuestros propios actos

Dios no es la única fuente de infortunio. A menudo este viene como resultado de nuestros propios actos. Los discípulos de Jesús no estaban completamente equivocados al discernir la causa de la ceguera de aquel hombre. La adversidad en muchas ocasiones es resultado del pecado. De hecho, el pecado siempre da como resultado alguna calamidad o adversidad.

Santiago escribe:

Todo lo contrario, cada uno es tentado cuando sus propios malos deseos lo arrastran y seducen. Luego, cuando el deseo ha concebido, engendra el pecado; y el pecado, una vez que ha sido consumado, da a luz la muerte.

—SANTIAGO 1.14-15

El pecado siempre da como resultado alguna forma de muerte. A veces es la muerte física, pero por lo general es más sutil. El pecado hace que nuestras relaciones se mueran. Hace que nuestra autoestima fallezca. Ciertos pecados matan las ambiciones y la disciplina. Todas esas formas de muerte resultan en adversidad hasta cierto grado.

El caso clásico es la historia de Adán y Eva. Sus vidas estaban libres de infortunio. No había enfermedades, muerte, decadencia; ni ningún tipo de sufrimiento en el jardín del Edén. No había tensiones en las relaciones entre ellos, ni conflicto entre ellos y el ambiente. No podrían haber deseado algo mejor. No sabemos con certeza cuánto tiempo vivieron Adán y Eva en el jardín del Edén, aunque sabemos la razón por la cual tuvieron que salir: *por el pecado.*

Después de haber desobedecido a Dios comiendo del fruto prohibido, todo cambió. Eva iba a experimentar dolores de parto. Habría potencial para que hubiera conflictos entre el hombre y la mujer. Y aun entre el hombre y el ambiente. Y, por encima de todo, el hombre tendría que experimentar la muerte y vivir con la sombra de ese enemigo momentáneo. La muerte trajo consigo el temor y la inseguridad. Todas esas cosas son resultado del pecado. De ese momento en adelante, las vidas de Adán y Eva estarían llenas de adversidad; y todo por causa del pecado.

Las raíces del mal

Esta narración bíblica hace más que simplemente ilustrar la posible conexión entre el pecado y la adversidad. Sirve como fundamento para contestar muchas de las preguntas difíciles de la vida.

Está bastante claro, aun al leer de pasada estos primeros capítulos, que Dios nunca quiso que el hombre experimentara la adversidad ni la tristeza traídas por el pecado de nuestros antecesores. La muerte no era parte del plan original de Dios. La muerte es una interrupción. Es enemiga tanto de Dios como de los hombres. Es todo lo opuesto de lo que él deseaba hacer.

Ciertamente las enfermedades y el dolor no son amigos de Dios. No había enfermedades en el jardín del Edén. No era parte del plan original de Dios para el hombre. El ministerio de Cristo da testimonio de esta verdad. A cualquier lugar que iba, sanaba a los enfermos. Dios comparte nuestro desdén por causa de los malestares. La enfermedad es una intrusa, no tenía cabida en el mundo que Dios creó al principio; y al final tampoco la tendrá en el mundo de Dios.

La muerte, las enfermedades, el hambre, los terremotos y las guerras, todas esas cosas, no eran parte del plan original de Dios. Sin embargo, lo son de nuestra realidad. ¿Por qué? ¿Acaso Dios perdió el control? ¿Acaso nos ha abandonado? ¿Acaso ya no es un Dios bueno? No. Nuestra realidad se concreta a través de la elección de Adán de pecar. Y el pecado siempre da como resultado la adversidad.

La bondad y el poder de Dios no se deben medir en la balanza de la tragedia y de la adversidad que experimentamos día tras día. Si se va a cuestionar su bondad, que sea a la luz de su propósito original así como en la parte final de su plan.

Oí una potente voz que provenía del trono y decía: «¡Aquí, entre los seres humanos, está la morada de Dios! Él acampará en medio de ellos, y ellos serán su pueblo; Dios mismo estará con ellos y será su Dios. Él les enjugará toda lágrima de los ojos. Ya no habrá muerte, ni llanto, ni lamento ni dolor, porque las primeras cosas han dejado de existir».

—Apocalipsis 21.3-4

Es Dios quien va a enjugar cada lágrima. Es Dios quien va a eliminar la muerte, el lloro, el dolor y la tristeza. ¿Por qué va a hacer tales cosas? Porque es un Dios bueno y fiel. ¿Cómo puede hacerlas? Por el poder de su fuerza. Él es Soberano, el Todopoderoso del universo. Nada es demasiado difícil para él.

Un ejemplo viviente

La idea de que la adversidad algunas veces es resultado del pecado, difícilmente necesita un apoyo bíblico. Cada uno de nosotros podría dar testimonio de ese principio. Cada multa por exceso de velocidad que hayamos pagado sirve como evidencia. La última discusión que tuviste con tu compañero(a), con tus padres, o con alguno de tus hijos, probablemente surgió del pecado de una manera o de otra. La tristeza y el dolor causados por un divorcio o aun por la separación, siempre están relacionados de alguna manera con el pecado. Unas veces es el pecado personal el que trae adversidad a nuestras vidas. Otras veces es el pecado de cierta persona el que nos causa dificultades. Los discípulos de Jesús no estaban completamente equivocados: la adversidad y el pecado van de la mano.

Aunque parezca bastante evidente, es sorprendente cómo algunas veces no podemos ver, o rehusamos ver, la relación que hay entre ambos. Recientemente una madre me trajo a su hijo adolescente. El problema, de la manera en que ella lo veía, era las relaciones que el hijo tenía con «las personas equivocadas». Ella siguió hablando y me explicó cómo las relaciones de su hijo con ese grupo habían hecho que él desarrollara una actitud errónea hacia las figuras de autoridad. Como resultado, se había convertido en alguien con quien era imposible vivir.

Después de varias reuniones, finalmente la verdad salió a relucir. La madre del muchacho había dejado a su esposo (el padre del chico), y estaba completamente indispuesta para reconciliar la relación. El chico quería vivir con su padre, pero su madre no le prestaba atención. Hablé en varias ocasiones con el padre. Se hizo responsable de su parte en los conflictos del hogar y estaba dispuesto a hacer cualquier cosa por volver a unir a su familia. Su esposa, sin embargo, no cedía.

Cuando le expliqué a la mujer de qué manera afecta a los hijos una separación hostil, se enojó. Me dijo: «Ya le dije por qué está actuando de esa manera, son sus amigos». Nada de lo que decía parecía encajar. No podía (o no quería) ver la conexión que había entre el comportamiento de su hijo en el hogar y la manera de actuar hacia su marido. Desde su punto de vista, el problema estaba en su hijo. En varias ocasiones estuvo dispuesta a pedir públicamente que se orara por ella por causa del dolor que su hijo le estaba causando. Pero nunca llegó a darse cuenta de que el conflicto que estaba experimentando con su hijo se relacionaba directamente con su propio pecado.

Sería difícil asignar un porcentaje con respecto a esto, pero yo sugeriría que de sesenta a setenta por ciento de las personas a las cuales aconsejo, están sufriendo las consecuencias de su propio pecado o del pecado de otra persona. Algunas de las situaciones en consejería más difíciles que encuentro, son aquellas en las que una persona que es inocente, sufre por la desobediencia de otra. Siempre parece ser que es injusto. Sin embargo, parte de soportar ese tipo de adversidad es darse cuenta de cuál es la fuente de donde proviene el pecado. Admito que es una respuesta que no va a satisfacer mucho en algunos casos. Una de las razones es que, si estoy sufriendo por causa del pecado de otra persona, en realidad no hay nada que pueda hacer al respecto, ¡sino sufrir! Si es por causa de mi pecado que estoy sufriendo, al menos puedo consolarme con el hecho de que si no hubiera errado no estaría sufriendo. Pero cuando se padece por la falta de otro, la situación puede ser frustrante en extremo. Posteriormente discutiremos cómo responder a los diversos tipos de adversidad. El punto que quiero enfatizar aquí es que hay ocasiones en que no hay otra explicación para la adversidad, que el mismo hecho de estar experimentando los efectos del pecado de otra persona.

El adversario mismo

Hay una tercera fuente de adversidad: Satanás. En cierto sentido, él está detrás de todo tipo de desgracia. Él fue directamente responsable de haber desviado a Adán y a Eva, por lo tanto, también lo es de la calamidad que le siguió a ese hecho: Sin embargo, su implicación en la adversidad va mucho más allá de su actividad en el jardín del Edén. Él está vivo y activo hoy.

Varios relatos bíblicos ilustran el papel que Satanás juega en la adversidad. El ejemplo más claro es la historia de Job. Aquellos que le atribuyen toda la calamidad a alguna manera de pecado o a la falta de fe, la pasan mal al leer este relato. Ellos atribuyen los problemas de Job a su orgullo o al pecado de sus hijos. Pero el autor descarta esas teorías en los primeros versículos del libro.

En la región de Uz había un hombre *recto* e *intachable, que temía* a Dios y vivía *apartado* del mal. Este hombre se llamaba Job.

—Job 1.1, énfasis mío.

Posteriormente en el mismo capítulo Dios mismo da su evaluación con respecto a Job.

—¿Te has puesto a pensar en mi siervo Job? —volvió a preguntarle el Señor—. No hay en la tierra nadie como él; es un hombre recto e intachable, que me honra y vive apartado del mal.

—Job 1.8

No puede haber duda al respecto. Job era un hombre justo. La adversidad que estaba enfrentando no era resultado de su orgullo. La siguiente discusión entre Dios y Satanás muestra con claridad por qué sufrió de tal manera.

Satanás replicó:

—¿Y acaso Job te honra sin recibir nada a cambio? ¿Acaso no están bajo tu protección él y su familia y todas sus posesiones? De tal modo has bendecido la obra de sus manos que sus rebaños y ganados llenan toda la tierra. Pero extiende la mano y quítale todo lo que posee, ¡a ver si no te maldice en tu propia cara!

—Muy bien —le contestó el Señor—. Todas sus posesiones están en tus manos, con la condición de que a él no le pongas la mano encima.

Dicho esto, Satanás se retiró de la presencia del Señor.

—Job 1.9-12

Por tanto, Satanás de dirige a destruir todo lo que Job tiene. Sin embargo, este continúa sirviendo a Dios y sigue andando en sus caminos.

Entonces Satanás le pide algo más a Dios.

—¡Una cosa por la otra! —replicó Satanás—. Con tal de salvar la vida, el hombre da todo lo que tiene. Pero extiende la mano y hiérelo, ¡a ver si no te maldice en tu propia cara!

—Muy bien —dijo el Señor a Satanás—, Job está en tus manos. Eso sí, respeta su vida.

Dicho esto, Satanás se retiró de la presencia del Señor para afligir a Job con dolorosas llagas desde la planta del pie hasta la coronilla.

—Job 2.4-7

La adversidad de Job provenía de Satanás. El escritor hace una distinción clara en su libro. Satanás desafía a Dios a que envíe adversidad a la vida de Job. Pero Dios autoriza a Satanás para que vaya y haga el mal. El permiso vino de Dios. La adversidad vino de Satanás.

Pedro nos dice que Satanás anda como león rugiente buscando a quién devorar a través de la calamidad.

Por eso escribe:

Practiquen el dominio propio y manténganse alerta. Su enemigo el diablo ronda como león rugiente, buscando a quién devorar. Resístanlo, manteniéndose firmes en la fe, sabiendo que sus hermanos en todo el mundo están soportando la misma clase de sufrimientos.

—1 Pedro 5.8-9

A menudo este pasaje se utiliza para hablar del papel que Satanás juega en nuestras tentaciones. El contexto real, sin embargo, es el del sufrimiento. Satanás anda rugiendo alrededor, buscando la manera de traer adversidad a nuestras vidas. Él quiere que suframos, porque el sufrimiento a menudo destruye nuestra fe en Dios. Pedro instruye a esos creyentes a que estén alerta para que, en medio del sufrimiento, no pierdan de vista quién es el responsable ni la manera en que Dios lo va a utilizar.

¿Cómo lo sabemos?

En nuestras experiencias cotidianas a menudo es difícil determinar la fuente de nuestra calamidad. La adversidad que está relacionada con nuestro propio pecado casi siempre es fácil de identificar. Aunque después de eso, las cosas parecen correr juntas. Ciertamente no queremos reprender al diablo por algo en lo cual está Dios. Ni tampoco queremos sonreír y soportar algo a lo cual podemos poner fin con respecto a nuestro sufrimiento. La Biblia no nos da un método de tres pasos sencillos para determinar de dónde proviene nuestra adversidad. En otra época, eso me molestaba realmente. Por mucho tiempo, cuando enfrentaba alguna variedad de ella, oraba y clamaba para que Dios me diera una indicación del porqué de mis sufrimientos. Posteriormente me di cuenta de por qué muy rara vez son respondidas esa clase de oraciones. Había y hay cuestiones más importantes que esas.

Mucho más importante que la *fuente* de la adversidad es la *respuesta* a la ella. ¿Por qué?, porque la adversidad, aparte de la fuente de la que proviene, es la herramienta más efectiva que Dios tiene para profundizar tu fe y tu consagración a él. Las áreas en las cuales estás experimentando las calamidades más grandes, son aquellas en las cuales Dios está trabajando. Cuando alguien dice: «Dios no está haciendo nada en mi vida», mi respuesta siempre es: «Así que, ¿no tienes ningún problema?» ¿Por qué digo esto? Porque la mejor manera de identificar la participación de Dios en tu vida es considerando tu respuesta a la adversidad. Dios utiliza esa calamidad, no importa cuál sea la fuente. Pero tu respuesta a ella determina si Dios es o no capaz de utilizarla para llevar a cabo su propósito. De hecho, la adversidad puede destruir tu fe. Si no respondes de la manera adecuada, puede ponerte en una situación tal que nunca te recobres, esto es espiritualmente hablando. Todo está basado en tu respuesta.

Por mucho que queramos conocer la respuesta a la pregunta del *porqué*, realmente no es la cuestión más importante. El asunto que cada uno de nosotros necesita plantearse es el siguiente: «*¿Cómo debo responder?*». Pasar mucho tiempo intentando responder la pregunta del *porqué*, es arriesgarnos a perder lo que Dios quiere enseñarnos. Suficientemente irónico es que al concentrarnos en el *por qué*, a menudo eso nos perjudique y nunca podamos descubrirlo. Si está en la soberanía de Dios revelarnos en esta parte de la eternidad la respuesta a esa pregunta, será conforme respondamos y mejor si es de la manera adecuada. Una de las batallas más grandes de mi vida giró en torno a la decisión de mudarme de Bartow, Florida, a Atlanta. Bartow es un pueblo pequeño en la parte central de Florida. Nuestra casa estaba a escasa distancia de tres lagos. El vecindario era seguro; conocíamos a todos nuestros vecinos. Bartow parecía ser el medio perfecto para que nuestros hijos crecieran. Para complicar las cosas aún más —apenas teníamos un año de vivir allí— un amigo se me acercó para pedirme que fuera a Atlanta para que ejerciera de copastor en la Primera Iglesia Bautista. Le agradecí su voto de confianza pero le dije que no me interesaba. Unas semanas después llegó un comité para escucharme predicar. Una vez más, fui cortés, pero les dije que no estaba interesado. Me pidieron que orara al respecto y les dije que lo haría. ¿Qué otra cosa podría haber dicho? Así que una noche mi esposa, Anna, y yo empezamos a orar si era o no la voluntad de Dios que nos mudáramos para Atlanta. Sucedió lo más raro. Mientras más orábamos, más nos convencíamos los dos de que debíamos mudarnos. Cuando hablábamos al respecto, no parecía tener lógica alguna. ¿Por qué querría Dios que me hiciera copastor cuando ya había sido el pastor titular de otras tres iglesias? ¿Por qué querría Dios cambiarnos si solo teníamos trece meses en Bartow? ¿Por qué querría un Dios bondadoso que me mudara con mi familia a Atlanta?

Dos meses después nos mudamos. Y casi dos años después de eso, entendí el *porqué*. Lo que quiero decir es esto: a menudo, la explicación que buscamos con tanta desesperación, se hará clara conforme respondamos de manera adecuada a la adversidad.

Con seguridad que los discípulos estaban en el Calvario preguntándose por qué se había permitido que sucediera tal cosa. Humanamente hablando, no tenía ningún sentido. Pero en unos pocos días todo empezó a tener significado. A menudo estamos como los discípulos en el Calvario. Vemos nuestras esperanzas y nuestros sueños hechos pedazos ante nuestros ojos. Vemos que nuestros seres queridos sufren. Vemos morir a miembros de la familia. Y, como los discípulos, nos preguntamos por qué.

Debemos recordar que la muerte de Cristo, su sepultura y su resurrección sirvieron como contexto a todo nuestro sufrimiento. Dios, a través de esos acontecimientos, tomó la tragedia más grande de la historia del mundo y la utilizó para llevar a cabo su triunfo más grande: la salvación del hombre. Si el asesinato del Hijo perfecto de Dios puede ser explicado, ¿cuánto más podemos confiar en que Dios está llevando a cabo su propósito a través de las calamidades que enfrentamos día tras día?

La fuente de nuestra adversidad no debe ser nuestro interés principal. Medita al respecto. ¿Cuál era la fuente de la adversidad que enfrentó Cristo? ¿El pecado, Satanás o Dios? De hecho, los tres estuvieron involucrados. Sin embargo, las respuestas de Cristo permitieron que nuestro Padre celestial tomara esa tragedia y la utilizara para un mayor bien. Ese es el patrón. Esa es la meta de Dios con nosotros a través de todas las adversidades de la vida.

¿Has estado tan aferrado a saber *por qué* la calamidad te ha llegado que quizás has ignorado a Dios? ¿Ha fortalecido tu fe la adversidad que hay en tu vida o la ha debilitado? La adversidad es una realidad que nadie puede evitar. Por lo tanto, debes poner todo tu interés para empezar a responder de tal manera que lo negativo pueda ser empleado para llevar a cabo la voluntad de Dios en tu vida. Y conforme empieces a responder de la manera correcta, ¡quizás comiences a entender *por qué*!

Capítulo 2

El poder de la perspectiva

Conforme escribo este capítulo, uno de mis amigos está viendo a su esposa morir de cáncer. Los médicos han perdido toda esperanza. Hemos orado mucho y, sin embargo, no parece haber señales de la mano sanadora de Dios. Jim se sienta al lado de su esposa todo el día, día tras día. Cualquier cosa que pueda hacer para que la vida de su esposa sea más confortable, la hace muy gustosamente. Sin embargo, es incapaz de hacer lo que más desea, sanar a su esposa.

He escuchado orar a Jim. Lo he visto sufrir. Su fe no ha sido quebrantada; pero ha recibido un golpe bastante severo. Se va a recuperar. Pero siempre permanecerá la pregunta: ¿Por qué sucedió esto? ¿Qué caso tuvo? ¿Qué se logró? ¿Por qué se impuso un dolor tan injusto a una familia que teme tanto a Dios? Jim y su familia seguramente no son las primeras personas que hacen tales preguntas, tan dolorosas y tan complejas. Y están muy conscientes de ello. Anticipando las preguntas que surgirán por circunstancias como esas, Dios nos ha dado en el Evangelio de Juan un relato que nos ayuda a ganar la perspectiva que necesitamos para sobrevivir a las tragedias como la que Jim tuvo que enfrentar.

El problema al estudiar cualquier pasaje que nos es familiar, es que rara vez logramos identificarnos con lo que los personajes debieron haber sentido. ¿Por qué deberíamos hacerlo? Generalmente sabemos lo que sucedió al final. Por desdicha, esa familiaridad con las Escrituras nos impide disfrutar los resultados que se esperan de ella. Es difícil percibir el temor que David experimentó al enfrentar a Goliat cuando sabemos que al final salió victorioso.

Tampoco concebimos el aislamiento que sintió Moisés conforme huyó de Egipto para salvar su vida. Después de todo, el terminó como héroe. Así que, conforme se acercan a la conocida narración de Juan 11, traten de olvidar el final de la historia. Intenten, lo mejor que puedan, situarse en el lugar de las personas que están involucradas. Si lees lo que sucede, pero no consideras lo que debieron haber sentido, te pierdes uno de los conocimientos más ricos de esta historia.

«Aquel a quien amas está enfermo».

Había un hombre enfermo llamado Lázaro, que era de Betania, el pueblo de María y Marta, sus hermanas. María era la misma que ungió con perfume al Señor, y le secó los pies con sus cabellos. Las dos hermanas mandaron a decirle a Jesús: «Señor, tu amigo querido está enfermo».

—JUAN 11.1-3

En casa de María y de Marta, Jesús y sus discípulos eran recibidos con hospitalidad cuando se encontraban en el área de Judea. Aparentemente, Lázaro era un hombre rico, y utilizaba sus riquezas para sostener el ministerio de Cristo. El hecho de que María y Marta enviaran por Jesús tan pronto como Lázaro se enfermó, evidencia la fe que tenían en su poder. No hay duda que deben haber pensado: *Si Jesús está dispuesto a sanar a personas que son extrañas, seguramente se apresurará a sanar a uno que ha sido su amigo.* Pero no fue así.

Cuando Jesús oyó esto, dijo: «Esta enfermedad no terminará en muerte, sino que es para la gloria de Dios, para que por ella el Hijo de Dios sea glorificado.» Jesús amaba a Marta, a su hermana y a Lázaro. A pesar de eso, cuando oyó que Lázaro estaba enfermo, se quedó dos días más donde se encontraba.

—JUAN 11.4-6

Estos versículos no tienen nada de lógica humanamente hablando. La razón por la cual me encanta esta historia es porque la adversidad tiene el significado acorde al concepto que tenemos de ella. Está claramente escrito que Jesús amaba a esa familia; pero en aquel momento no hizo nada para aliviar su sufrimiento. Puedo entender con eso. Cuando cometo un grave error, me apuro a buscar versículos en la Biblia que me recuerden el amor de Dios; sin embargo, a veces parece que Dios no está dispuesto a llevar a cabo alguna acción.

Necesitamos hacer una pausa aquí, porque en este punto de la narración, tenemos un mayor problema. Me estoy refiriendo al momento entre nuestra petición a Dios por su ayuda y el momento en que él empieza a actuar.

Es fácil leer: «Y se quedó dos días más». Pero esa tardanza fue como una eternidad para María y para Marta. Las Escrituras nos informan que ellas sabían el área en la que Jesús estaba ministrando en ese tiempo. También sabían cuánto demoraría en llegar a Betania. Así que esperaron. Y conforme pasaban las horas, veían a su hermano debilitándose cada vez más.

Finalmente llegó el día cuando, de acuerdo al tiempo normal de viaje, Jesús debía llegar. No hay duda de que se turnaban para estar al lado de Lázaro. De esa manera una de ellas podría salir al encuentro de Jesús. Me imagino a María y a Marta preguntándoles a los hombres y a las mujeres que venían del camino de Perea, si habían visto a un grupo de doce personas por esa ruta. Conforme lo negaban con un movimiento de cabeza, la esperanza de las hermanas se desvanecía. ¿Por qué no ha venido? ¿Quizás nunca recibió el mensaje? ¿Quizás salió de Perea sin habernos avisado? ¿En dónde está? Después de todo lo que hemos hecho por él, es lo menos que podría hacer. «Sin embargo no llegó cuando ellas lo esperaban».

Lázaro murió. Es probable que María llegara temprano un día para ver cómo se encontraba y lo halló muerto. Quizás fue en la tarde cuando María y Marta estaban a su lado que dio su último suspiro. Cualquiera que haya sido la situación, ambas mujeres experimentaron el mismo sentimiento de depresión e impotencia que siempre acompaña a la muerte. Se había acabado. Se había ido. Muy pronto sus pensamientos se volvieron hacia Jesús. *¿Por qué no vino? ¿Cómo pudo quedarse en donde estaba sabiendo lo que estábamos pasando?* Estas, sin duda, son algunas de las preguntas que has hecho conforme has clamado a Dios en medio de la adversidad en tu vida. ¿Cómo un Dios de amor puede quedarse inmóvil y ver sufrir a mi amigo y a su esposa sin intentar hacer algo? ¿Cómo puede ver desde el balcón del cielo que se abusa de las mujeres física y sexualmente? ¿Cómo puede Dios ver a los esposos que dejan a sus esposas y a sus hijos? ¿Acaso sabe lo que está sucediendo aquí abajo?

Una vez más, esta narración es útil. Jesús sabía qué era lo que estaba sucediendo. Sabía por lo que estaban pasando María y Marta. Sabía que la condición de su amigo estaba empeorando y supo el momento en el que Lázaro murió.

Dicho esto, añadió:
—Nuestro amigo Lázaro duerme; pero voy a despertarlo.
—Juan 11.11

Sin embargo, ¡no hizo nada! Mantengan en sus mentes que Lázaro no era un hombre de la calle. Él había invitado a Jesús a su casa. Lázaro había expresado fe en Jesús y en su ministerio. Era un buen hombre. Ciertamente tenía más fe que la mayoría de las personas que Jesús había sanado. Algunos de ellos ni siquiera sabían quién era Jesús (ver Juan 9). Pero no pudieron hallar a Jesús cuando Lázaro más lo necesitaba.

La situación se tornó más confusa para ellos cuando Jesús tuvo la audacia de decirles a sus discípulos:

Por eso les dijo claramente: Lázaro *ha muerto*, y por causa de ustedes me alegro de no haber estado allí, *para que crean*; pero vamos a verlo.
—Juan 11.14-15, énfasis mío.

¿Estaba Jesús «alegre»? ¿Cómo podía decir tal cosa? Dos de sus mejores amigas están pasando a través de problemas emocionales; otro amigo muere de una enfermedad; ¿y Jesús dice que está alegre? ¿En qué estaba pensando? ¿Qué pasaba por su mente? Mi amigo, la respuesta a esa pregunta es la clave para descubrir el misterio de la tragedia de esta vida. Entender qué es lo que estaba pasando por la mente de Cristo y en la economía de Dios en una situación como esa, es descubrir el principio universal que une a todo lo que hay en la vida, tanto en el presente como en la eternidad. Cristo tenía una meta en todo eso, una tan importante que, *valía la pena la agonía emocional* que María y Marta tuvieron que soportar. Valía la pena arriesgar la destrucción de su fe. Aun la muerte de un amigo fiel valía la pena. Lo que Jesús (juntamente con su Padre celestial) tenía en mente era tan asombroso que, aun con el dolor que circundaba aquella situación, Jesús pudo decir: «Me alegra que esto haya sucedido». En otras palabras, «hombres, lo que están a punto de ver es tan fantástico que vale la pena el dolor y la muerte de mi amado amigo». Si ellos eran como nosotros, probablemente pensarían: *¿Qué puede ser para que valga la pena todo esto?*

«Si hubieras estado aquí»

Betania estaba cerca de Jerusalén, como a tres kilómetros de distancia, y muchos judíos habían ido a casa de Marta y de María, a darles el pésame por la muerte de su hermano. Cuando Marta supo que Jesús llegaba, fue a su encuentro; pero María se quedó en la casa.

—Señor —le dijo Marta a Jesús—, si hubieras estado aquí, mi hermano no habría muerto.

Dicho esto, Marta regresó a la casa y, llamando a su hermana María, le dijo en privado:

—El Maestro está aquí y te llama.

Cuando María oyó esto, se levantó rápidamente y fue a su encuentro.

Cuando María llegó adonde estaba Jesús y lo vio, se arrojó a sus pies y le dijo:

—Señor, si hubieras estado aquí, mi hermano no habría muerto.

—Juan 11.18-21, 28, 29, 32

María y Marta, a pesar del tiempo que habían pasado con el Hijo de Dios, aún seguían siendo humanas. Ellas querían saber una cosa: «Jesús, ¿en dónde te habías metido?». No tenían duda de que Jesús podía haber sanado a su hermano; aun Marta cree que todavía hay esperanza (ver Juan 11.22). Pero el hecho, de que aparentemente él había ignorado su ruego, las había dejado confundidas y frustradas. ¿Por qué se retrasó?

Al ver llorar a María y a los judíos que la habían acompañado, Jesús se turbó y se conmovió profundamente.

—¿Dónde lo han puesto? —preguntó.

—Ven a verlo, Señor —le respondieron.

Jesús lloró.

—¡Miren cuánto lo quería! —dijeron los judíos.

—Juan 11.33-36

En esa encrucijada cualquier duda del amor de Jesús y del interés que sentía por Lázaro se disipó. «Jesús lloró». Sin embargo, su interés principal con respecto a su amigo Lázaro coloca otra capa de misterio sobre la historia. Si Jesús estaba tan preocupado, ¿por qué no vino a socorrer a Lázaro? ¿Por qué lo dejó morir? Una vez más parece que estamos enfrentando un misterio que no se puede resolver. Se hace aparente que cualquier cosa que Jesús haya pensado, cualquier cosa que estuviese tratando de hacer, ameritaba el sacrificio de las emociones de aquellos a quienes amaba así como el de las suyas. Jesús lloró cuando llegó y halló muerto a Lázaro. Piense en ello. Su conocimiento del futuro no le impidió identificarse con la tristeza de aquellos que le rodeaban.

Haz las preguntas correctas

Si alguna cosa está en claro en esta historia, es que *algunas cosas son tan importantes para Dios que vale la pena interrumpir la felicidad y la salud de sus hijos para poder llevarlas a cabo.* Ese es un pensamiento sorprendente. Para algunos, puede parecer una acusación en contra del carácter de Dios. Pero este principio se aclarará más en las páginas y en los capítulos siguientes. Ya sea que algunas personas puedan o no encajar esto en su teología, el hecho es que el Hijo de Dios permitió que sufrieran y murieran aquellos a quienes amaba debido a un propósito mucho mayor.

Algunas personas pueden pensar que tal declaración implica que somos simplemente peones que van a ser movidos y hasta que se va a abusar de ellos al capricho de Dios. Pero recuerde que, «Jesús lloró». Él se conmovió al ver la tristeza de María y de Marta. Fue conmovido por el amor que sentían hacia su hermano. Él no se aisló emocionalmente del dolor que sufrían aquellos que tenían una perspectiva diferente a la suya.

Cuando algo te lastima, a Dios también le lastima. A pesar de cualquier cosa que él haga en el proceso de llegar a algo, a pesar de lo noble que sean sus propósitos, está en contacto con lo que sientes. Él no es como el entrenador de fútbol que se ríe de sus jugadores cuando se quejan o están dolidos. Tampoco es como el entrenador de boxeo que habla al oído del peleador y le dice: «Sin dolor no hay ganancia». Ni tampoco es como el padre que se ríe y le dice a su hijo, que ha perdido su primer amor: «No te preocupes. Ya se te pasará». A pesar de todo el dolor y la adversidad que Dios permita que enfrentemos, dos cosas siempre serán ciertas. Primero, él es sensible a lo que estamos sintiendo:

Porque no tenemos un sumo sacerdote incapaz de compadecerse de nuestras debilidades, sino uno que ha sido tentado en todo de la misma manera que nosotros, aunque sin pecado.

—HEBREOS 4.15

Jesús lloró por Lázaro. Él también llora por nuestras tristezas. Segundo, cualquier cosa que él esté tratando de hacer a través de nuestro sufrimiento, siempre será para nuestro beneficio. El grado en el cual las cosas operan para nuestro beneficio está determinado por nuestra respuesta. Conforme confiamos en Dios a través de nuestra adversidad y cuando se haya dicho y hecho todo, sinceramente creeremos que valió la pena la dificultad por la que tuvimos que pasar.

¿Y cómo?, puede que te lo preguntes. «¿Cómo puede ser que ocurra para mi beneficio, aquello por lo cual estoy pasando en casa? ¿Cómo puede utilizar Dios la muerte de mi pareja o de mi hijo? ¿Cómo puede valer la pena el aislamiento y el dolor que estoy sintiendo ahora?».

Cuando era pequeño, solía hacer esas preguntas. Mi padre murió cuando yo tenía siete meses de nacido, así que crecí sin padre. Recuerdo ver a mis amigos con sus padres, por lo que me cuestionaba por qué yo no podía tener uno. No era lógico. Mi mamá tenía que trabajar largas horas en una fábrica textil. Cuando me levantaba para ir a la escuela, ella ya estaba trabajando. Tuve que aprender a prepararme mi propio desayuno y a vestirme para ir a la escuela desde que tenía seis años.

Por la gracia de Dios, mi respuesta a todo eso fue diferente a la de muchos jóvenes que han perdido a sus padres. En vez de rebelarme en contra de Dios por haberse llevado a mi padre, decidí a una edad muy temprana que buscaría que él fuera mi padre. La muerte de papá no me hizo alejarme de Dios; al contrario, me volví a él. Aprendí a temprana edad acerca de la suficiencia que hay en Cristo. Aprendí a orar. Aprendí a andar por fe.

La muerte de mi padre, en definitiva, fue el catalizador que Dios utilizó para enseñarme las lecciones más importantes de la vida; lecciones que me han permitido sobrevivir a intensos rechazos como adulto, tanto a nivel profesional como personal. Pero a la edad de siete u ocho años no sabía qué era lo que Dios quería hacer. En ese entonces no tenía nada de sentido. No había nada que compensara la soledad que sentía. De hecho, me ha tomado casi cuarenta años poder hallarle la lógica a la adversidad que enfrenté cuando era niño. Y la lección aún continúa.

Hace no mucho tiempo, mi hijo, Andy, me dijo: «Sabes, papá. Becky y yo, tal vez cosechamos los beneficios reales de que tú no hayas tenido un padre cuando creciste».

Le pregunte: «¿Qué quieres decir?».

«Bueno», me dijo, «cuando llegó el momento de educar a tus propios hijos no tenías un patrón a seguir. Tuviste que depender del Señor para todo».

Conforme pensé en ello, pensé que mi hijo tenía razón, y cuando me di cuenta cuán consagrados están al Señor, cuando pensé en lo diferentes que son a muchos de los hijos de otros predicadores, aun pude agradecer al Señor por no haberme dado un padre. Si eso fue lo que requirió la preparación para educar a mis hijos, *¡valió la pena!*

Una enfermedad que no es para muerte

Entonces, ¿en qué pensaba Jesús para retrasar su regreso a Betania y así permitir que Lázaro muriera? ¿Qué era tan importante para que estuviera dispuesto a permitir que sus amigas cercanas pasaran a través de la agonía de ver morir a su hermano? La respuesta a esa pregunta nos da mucha información acerca del carácter y de la economía de Dios. Jesús mismo proveyó la respuesta cuando fue informado de la enfermedad de Lázaro y la volvió a repetir cuando estuvo en la tumba.

Las dos hermanas mandaron a decirle a Jesús: «Señor, tu amigo querido está enfermo.» Cuando Jesús oyó esto, dijo: *«Esta enfermedad no terminará en muerte, sino que es para la gloria de Dios, para que por ella el Hijo de Dios sea glorificado.»* Jesús amaba a Marta, a su hermana y a Lázaro.

—JUAN 11.3-5, énfasis mío.

Entonces quitaron la piedra. Jesús, alzando la vista, dijo: —Padre, te doy gracias porque me has escuchado. Ya sabía yo que siempre me escuchas, pero lo dije por la gente que está aquí presente, *para que crean que tú me enviaste.*

—JUAN 11.41-42, énfasis mío.

Desde el principio, Jesús pensó en dos propósitos específicos. Su objetivo no era provocar que Lázaro muriera, ni causarles angustia emocional y mental a María y a su hermana. Al contrario, su meta en todo lo sucedido era dar la gloria a Dios y hacer que otros creyeran en él. La oportunidad de llevar a cabo esas dos cosas, ameritaba el dolor y el sufrimiento que tenían que experimentar María, Marta y Lázaro.

Para Cristo, por la oportunidad de mostrar públicamente el poder de Dios, valía la pena arriesgarse a sufrir el rechazo de algunos de sus amigos más cercanos. Hasta ameritaba la muerte de un ser querido.

Sino que es para la gloria de Dios

Glorificar a algo es arreglar las cosas de tal manera que la atención se enfoque en ello o que le dé honra. Glorificamos una fotografía cuando la colgamos en un lugar visible de una habitación. Podemos glorificarla más encendiendo una luz que la alumbre.

Glorificamos a un cantante cuando lo ponemos en un escenario y fijamos nuestra atención en su actuación. Cuando nos ponemos de pie y le aplaudimos, nuevamente estamos glorificando a la persona que actúa.

Jesús dijo que el propósito de esa aparente tragedia era dar gloria a él y a su Padre. Lázaro murió para que por un momento la atención se enfocara en Dios y su Hijo. Jesús estaba tan entregado en cuanto a ver a su Padre glorificado que se «alegró» de que Lázaro hubiera muerto, «si ese era el medio».

Eso no estaba fuera de las actitudes características de nuestro Salvador. Él pasó toda su vida intentando enfocar la atención del hombre en su Padre. Él hizo todo con ese propósito en mente. Al final de su ministerio terrenal resumió la obra de su vida diciendo:

> Yo te he glorificado en la tierra, y he llevado a cabo la obra que me encomendaste.
>
> —Juan 17.4

Por mucho que Jesús temiera la cruz, sabía que su propia muerte era parte del plan de su Padre para atraer la atención hacia sí mismo. Sin embargo, el conocimiento de lo que iba a lograr a través de su muerte y resurrección, de ninguna manera borró el dolor de la cruz ni tampoco minimizó la angustia emocional al ver a sus seguidores abandonándole en el momento en que más los necesitaba. Cuando dijo: «Hágase tu voluntad, y no la mía», en esencia afirmó: «Lo que requiera, a pesar del sacrificio, ¡que se lleve a cabo!». Entonces fue a la cruz decidido a dar gloria a su Padre, aun a costa de su propia vida.

Muchos creyeron en él

El segundo objetivo tras el retraso de Jesús era que muchos pusieran su confianza en el Mesías. Más importante que mantenerlos sanos a todos, era mover a la gente a la fe. Así que, a propósito, Cristo esperó hasta que era demasiado tarde para hacer un milagro de tal magnitud; de manera que muchos pusieran su fe en él. Y eso es exactamente lo que pasó (ver Juan 11.45). De la misma forma que permitió que sufrieran aquellos a quienes amaba por causa de los que no habían creído, va a permitir que suframos nosotros. Nada capta tanto la atención de una persona incrédula como un santo que está padeciendo victoriosamente. Es muy fácil hablar de Cristo cuando todo está saliendo bien. Nuestras palabras tienen un mayor significado cuando provienen de una vida llena de dolor.

Puedo oír a los escépticos: «¿Está usted diciendo que Dios va a permitir que yo —su hijo— vaya a sufrir por causa de una persona que no es salva?». Eso es exactamente lo que estoy diciendo. Pero mantengan presente, que fue su Hijo el que preparó el camino. Si el Dios Todopoderoso vio que era correcto que su Hijo sufriera injustamente para que pudiésemos ser salvos, ¿por qué pensamos que no debemos sufrir para que otros sean salvos?

El doctor Barnhouse tuvo una experiencia durante su ministerio que ilustra este punto a la perfección. Él estaba dirigiendo una semana de reuniones en una iglesia cuyo pastor y su esposa estaban esperando a su primer hijo. En la semana, el doctor Barnhouse bromeaba con el pastor porque se encontraba muy tenso.

En la última noche de reuniones, el pastor no llegó al culto. El doctor Barnhouse asumió que estaba en el hospital con su esposa, así que siguió con la reunión. Casi al final notó que el pastor entró calladamente y tomó asiento en la parte de atrás. Cuando se acabó la reunión, el pastor se dirigió al frente, despidió a todos y le pidió al doctor Barnhouse que hablaran en su oficina.

—Seguro —respondió y lo siguió a la parte trasera.

Después de entrar en la oficina, el pastor cerró la puerta y exclamó:

—Doctor Barnhouse, nuestro hijo tiene el síndrome de Down. Aún no se lo he dicho a mi esposa. No sé qué le voy a decir.

—Amigo, esto es del Señor —le dijo el doctor Barnhouse. Y después se dirigió a un pasaje del Antiguo Testamento:

—¿Y quién le puso la boca al hombre? —le respondió el Señor—. ¿Acaso no soy yo, el Señor, quien lo hace sordo o mudo, quien le da la vista o se la quita?

Éxodo 4.11

—Déjeme ver eso —dijo el pastor y lo leyó nuevamente.

Conforme el pastor estudió el pasaje, el doctor Barnhouse dijo:

—Mi amigo, usted conoce la promesa de Romanos 8. Todas las cosas —aun este niño tan especial— ayudan a bien a los que a Dios aman.

El pastor cerró la Biblia. Lentamente salió de la oficina y fue directo al hospital, al cuarto en donde estaba su esposa.

Cuando llego al hospital, ella le dijo:

—No me dejan ver al bebé, ¿qué es lo que pasa? He pedido verlo y no me dejan.

El joven pastor tomó a su esposa de la mano y le dijo:

—¿Y quién le puso la boca al hombre? —le respondió el Señor—. ¿Acaso no soy yo, el Señor, quien lo hace sordo o mudo, quien le da la vista o se la quita? Cariño, el Señor nos ha bendecido con un niño con el síndrome de Down.

Ella lloró fuerte y largamente. Después conforme empezó a calmarse, dijo:

—¿De dónde sacaste eso?

Él contestó:

—De la Palabra de Dios.

—Déjame verlo —y empezó a leerlo.

Mientras tanto, las noticias del nacimiento se esparcieron por el hospital. Esa información era de interés especial para la telefonista del hospital. Ella no era cristiana. De hecho, era una mujer cruel que gozaba viendo desmoronarse a los cristianos. Ella estaba convencida de que bajo presión, no había diferencia entre un cristiano y cualquier otra persona. Cuando la esposa del pastor llamó a su madre para darle la noticia, la operadora estaba escuchando, esperando que la joven madre estuviera destrozada. «Mamá, el Señor nos ha bendecido con un niño con el síndrome de Down. No sabemos la naturaleza de la bendición, pero sabemos que realmente es una bendición». No hubo lágrimas, ni histeria, ni quebrantamiento.

La operadora se sorprendió. Pero cuando asimiló lo que había escuchado, empezó a decírselo a todo el mundo. Muy rápido el hospital entero estaba contando la historia de la respuesta del pastor y de su esposa. El domingo siguiente el pastor estaba de regreso en el púlpito. En la congregación, sin él saberlo, estaba la operadora del teléfono junto con setenta enfermeras del personal del hospital. Al final de la reunión el pastor hizo una invitación.

«Si nunca has conocido al Señor Jesucristo, quiero hacerte una invitación a que lo hagas ahora».

Esa mañana treinta enfermeras del hospital pasaron adelante para recibir a Cristo. Todo por causa de un niño especial y por la fe de un joven pastor y la de su esposa.

¿Permitiría Dios que un niño naciera así por causa de esas treinta enfermeras? Absolutamente. De la misma manera que permitió que naciera un hombre ciego para que su Hijo lo sanara. De la misma manera que permitió que muriera alguien a quien él amaba para después resucitarlo. Y de la misma manera que permitió que su Hijo fuera asesinado para que muchos pudieran recibir la vida eterna, Dios permite el sufrimiento para que otros puedan llegar a la fe en su Hijo.

El papel del dolor

Se ha dicho que donde no hay dolor, no hay ganancia. Esta frase se aplica no solo en cuanto a deportes, sino también al área espiritual. El patrón que vemos en el ministerio terrenal de Cristo y en su peregrinaje personal nos da testimonio de ello. El sufrimiento es el medio por el cual Dios glorifica a su Hijo y a sí mismo. Aunque el sufrimiento es considerado como la última cosa que puede ser beneficiosa, es la herramienta más útil de Dios. Nada se compara con el sufrimiento cuando se trata de dar gloria a Dios, porque ninguna otra cosa destaca nuestra dependencia, debilidades e inseguridades como lo hace el sufrimiento.

Pero el sufrimiento también es la manera en que Dios trae honra y gloria a sus hijos. En su Segunda Carta a los Corintios, Pablo deja esto claro cuando escribe

> Pues los sufrimientos ligeros y efímeros que ahora padecemos producen una gloria eterna que vale muchísimo más que todo sufrimiento. Así que no nos fijamos en lo visible sino en lo invisible, ya que lo que se ve es pasajero, mientras que lo que no se ve es eterno.
>
> —2 Corintios 4.17-18

La adversidad en esta vida, cuando se le trata de la manera adecuada, provee al creyente de gloria y honra para el siglo venidero. En este pasaje, Pablo habla de la gloria como si fuera algo tangible que pudiera ser añadida progresivamente. Es como si cada creyente tuviera una cuenta eterna en la que se aplica la gloria de acuerdo al sufrimiento que la persona haya tenido en la tierra.

Esta verdad es especialmente importante conforme enfocamos el final de la historia de Lázaro. Muchos pueden ser tentados a decir: «Bueno, siempre resulta bien para los personajes de la Biblia, pero mi esposo no volvió a vivir después de haber muerto». O: «Mi esposa nunca regresó a mí». O: «No he visto que Dios haya sido glorificado por la situación en la que estoy». A todo esto Dios añadiría una palabra esencial: «¡Sin embargo!». Recuerden, que al fin y al cabo, Lázaro murió para siempre. El milagro de Cristo en ese sentido solo fue temporal. La gloria vinculada al hecho de que Lázaro estuviera vivo fue muy breve. Cada vez que Dios nos libra de la adversidad —como lo hace a menudo— la gloria relacionada con el hecho es hasta cierto punto temporal. Sin embargo, Dios ha establecido un medio por el cual nuestro sufrimiento puede resultar en una gloria eterna, una gloria que exalta no solamente a Dios, sino también a aquellos que sufrieron.

«Remuevan la piedra»

—Quiten la piedra —ordenó Jesús.
Marta, la hermana del difunto, objetó:
—Señor, ya debe oler mal, pues lleva cuatro días allí.
—¿No te dije que si crees verás la gloria de Dios? —le contestó Jesús.

—JUAN 11.39-40

‾ Si hubieran rehusado remover la piedra, habrían sufrido sin motivo alguno. No hubiera salido ningún bien de ello. María y Marta no hubiesen visto la gloria de Dios. Siempre me encuentro personas que están sufriendo tragedias de la peor clase. A veces es por causa de sus propias fallas. En otras ocasiones, ellas son las víctimas. Muy a menudo, la mayor tragedia es la respuesta que tienen ante tal situación. Puesto que no ven el bien inmediato, asumen que no hay ningún bien que pueda salir de esa situación, piensan que Dios los ha abandonado o que ni siquiera se interesó. Dichas personas se niegan a remover la piedra. No pueden confiar en Dios sino ven resultados.

Si Dios pudo ganar gloria para sí mismo a través de la muerte injusta de su Hijo, ¿no podemos confiar que de alguna manera se va a glorificar a sí mismo con aquellas cosas con las cuales luchamos en nuestras vidas? Si Dios pudo encontrar gloria en la muerte del mejor amigo de su Hijo, ¿no podemos confiar que puede hacer lo mismo a través de las tragedias más grandes de nuestras vidas? Dios se especializa en tomar las tragedias y convertirlas en victorias. Entre mayor sea la tragedia, mayor será el potencial para la victoria.

Siempre habrá cosas que no podremos explicar. Con el tiempo, unas respuestas se van a aclarar, mientras que otras permanecerán siendo un misterio. Hay algo que sabemos: Dios quiere glorificarse. Él quiere tener la atención del mundo y, muy a menudo, la adversidad es el medio que usa para obtener tal atención. Como cristianos, somos sus representantes. Somos la extensión del ministerio terrenal de Cristo. Por tanto, nosotros somos las herramientas a través de las cuales Dios va a atraer la atención del mundo. Él trabaja a través de nuestras conversaciones, de nuestro carácter, de nuestras predicaciones y de nuestra adversidad. Su éxito en estas áreas depende en parte de nuestra respuesta.

«Si crees, verás la gloria de Dios»

Marta confió en Cristo y movió la piedra. Creo que Jim también confiará que Dios se glorificará a través de la mortal enfermedad de su esposa. ¿Y qué contigo? ¿Hay alguna piedra en tu vida que esté impidiéndole al Señor obtener la gloria que le pertenece por derecho? ¿Has cortado tu fe al punto en que las cosas dejan de tener sentido? ¿Has hecho que tu fe dependa solo de aquellas cosas que se pueden ver? ¿Has rehusado ver más allá de lo que has perdido? ¿Has permitido que te consuma tu dolor y te has olvidado que Dios puede tener algo en mente a lo cual quiere que tú llegues?

Solo tienes dos opciones. Puedes confiar en que Dios se va a glorificar a sí mismo a través de tu adversidad, o puedes fijar la atención en lo que has perdido y pasarte el tiempo buscando una respuesta. Con ello, puedes hacer que los medios a través de los cuales Dios iba a hacer algo grandioso, se conviertan al fin en una tragedia en sí mismos.

Un santo que contemplaba su vida resumió el tema de este capítulo perfectamente:

Y puede que regrese con una armadura gastada
llena de remiendos, con dobleces y ya vieja.
Y puede que enfrente lo duro de la batalla,
para liberar a los condenados y a los esclavos.
Y puede que tenga que conocer el dolor y el rechazo,
la traición de mis amigos.
Pero la gloria que me espera,
al final hará que todo valga la pena... al final.

Amigo, a pesar de la adversidad que estás enfrentando, si confías en Dios, tú también podrás decir algún día: *«¡Valió la pena!»*.

Capítulo 3

Cuando Dios está callado

Una de las cosas más frustrantes del cristianismo es que a menudo nuestro Dios está callado. Por ejemplo, cuando acabo de derramar mi corazón ante el Señor, me gusta tener al menos una respuesta breve. Cualquier cosa es buena; sin embargo, él permanece callado. Estoy seguro de que ustedes han sentido la misma frustración. Lo más raro es que estoy completamente seguro de que Dios está callado cuando más lo necesito. Muchas veces en las que, después de llorar por una crisis mía o de alguien a quien quiero, pienso que una sola palabra del Señor habría sido de consuelo, siento que permanece callado.

Puedo recordar sesiones de consejería en las que me he quedado como si estuviera mudo. Hay muchas situaciones que se están presentando hoy que parecen ir más allá de lo que la Biblia dice. Una palabra de Dios hubiera sido tan oportuna, tan útil para los que estaban involucrados; sin embargo, permaneció callado. Hay ocasiones en que desearía que por lo menos Dios enviara un ángel a responder algunas de mis preguntas básicas. He enfrentado adversidades que al momento parecen devastadoras; niños muriendo, hombres que dejan a sus esposas que son mujeres piadosas, un amigo cercano que se enferma de repente. Si tan solo el Señor hubiera aparecido y simplemente hubiera dicho: «Aún tengo el control». Cualquier cosa hubiera sido útil, pero permaneció callado.

Sin comentarios

Para empeorar las cosas, cuando leemos la Biblia, parece como si Dios les estuviera hablando a los hombres de las historias que llenan sus páginas. Cuando Pedro fue puesto en prisión, un ángel se le apareció para decirle que todo iba a salir bien. Cuando Lot se aprovechó de Abraham, Dios le habló a Abraham con palabras que lo confortaron. Pablo tenía algunas preguntas teológicas y fue llevado al tercer cielo para tener una charla con Dios. No parece justo. Después de todo, mi fe también sería más fuerte si cada vez que enfrentara la adversidad, un ángel de Dios apareciera para decirme qué debo de hacer. Pero parece que las cosas no nos salen de esa manera. Algunas veces Dios permanece asombrosamente callado; no recibimos ningún comentario de parte suya que nos ayude.

Para los creyentes, el silencio de Dios hace que sea más difícil soportar la adversidad, porque nuestra perspectiva incluye a un Dios de amor a quien se nos ha presentado como Padre. Cuando llega la adversidad, o las dificultades nos rodean, nuestra creencia se coloca bajo ataque. Las interrogantes llegan a nuestra parte consciente. Empezamos a dudar. Y entonces, más que nunca, necesitamos una palabra de Dios. Sin embargo, a menudo, él permanece callado.

Puedes ser uno de los miles de solteros de este país que están buscando pareja. Has hecho lo mejor de tu parte por apegarte a tus normas. Estás decidido a esperar por lo mejor que Dios tenga para ti. Pero no sucede nada. Así que has empezado a preguntarte si hay algo de cierto en esa frase que dice «esperar en Dios».

Puede ser que tengas un empleo o una carrera en la que no estés a gusto. Oras y oras, pero no sientes paz ni para quedarte, ni para irte de ese lugar. Estás dispuesto a hacer lo correcto, no importa lo que sea. Pero parece que Dios no estuviera diciendo nada.

O quizás estás enfrentando la muerte de algún ser querido, o alguna tragedia que te ha tomado por sorpresa. Te estas esforzando lo más que puedes por creer que Dios tiene un propósito en todo esto, y que no te ha abandonado. Pero en tu corazón te estás planteando: *Quizás no haya Dios, o quizás no está interesado en mí.* Poco a poco tu fe se empieza a erosionar. *Si tan solo Dios dijera algo, cualquier cosa.*

Preguntas... preguntas... preguntas

Todo esto nos lleva a dos preguntas básicas. Primera: *¿Qué es lo que Dios está intentando cuando estamos sufriendo y necesitamos escuchar de él tan desesperadamente?* Segunda: *¿Qué debemos hacer mientras tanto?* Las respuestas a estas preguntas son indispensables si vamos a tratar de una manera exitosa con la adversidad. Mientras no sepamos en dónde se encuentra Dios y cuál es su respuesta a nuestra situación, siempre habrá cabida para la duda. Pero la seguridad de que él está involucrado no es suficiente; también necesitamos dirección.

El propósito de este capítulo es responder estas dos preguntas. Al hacer esto, mi oración es que Dios borre para siempre de sus corazones el horrible temor de que quizás él no se interese en sus tribulaciones y de que tiene cosas más importantes por las cuales preocuparse.

Para responder estas preguntas, vamos a echarle un vistazo a la vida de José. Déjenme recordarles una vez más el no permitir que sus mentes se apresuren a llegar al final de esta historia. Si lo hacen, van a desaprovechar lo que Dios está tratando de decir. Cuando Dios presenta la vida particular de una persona, el autor se concentra en aquellos acontecimientos que son relevantes al tema que está siguiendo. A menudo, esto da la impresión de que las vidas de esos personajes estuvieron llenas de hechos sobrenaturales, uno tras otro. Pero ese no es el caso. Hubo semanas, meses y aun años en que aparentemente nada especial sucedió. Conforme estudiamos esta historia del Antiguo Testamento, procedamos a ocupar el lugar del personaje. Al igual que nosotros, José fue forzado a enfrentar el silencio de Dios en medio de una grave adversidad.

Justo cuando más lo necesitaba

Los problemas de José empezaron cuando era adolescente. A los diecisiete años, era el hijo preferido de su padre, y eso no les gustaba mucho a sus otros diez hermanos. Estaban celosos y sus celos se convirtieron en odio (ver Génesis 37.4). Y por si eso fuera poco, José tuvo una serie de sueños los cuales implicaban que un día su familia entera se inclinaría ante él para adorarlo. Siendo joven, y quizás no muy cuidadoso, José contó esos sueños a su padre y a sus hermanos. El texto parece indicar que al dar a conocer sus sueños, José provocó que sus hermanos se hastiaran de él.

Un tiempo después, José fue enviado a Siquén por su padre para ver a sus hermanos y al ganado que ellos pastoreaban. José fue informado que sus hermanos se habían ido a Dotán, como a 34 kilómetros de distancia. Cuando sus hermanos lo vieron venir, planearon matarlo. Cuando llegó, lo despojaron de su ropa y lo echaron en una cisterna.

En esos momentos de la narración podríamos esperar una intervención divina. Si no que fuese librado, al menos una indicación de que todo iba a salir bien. Pero no sucedió nada. Dios permaneció callado. José estaba en la cisterna sin ninguna garantía de que iba a permanecer vivo. No hay duda de que estuvo cavilando sobre los hechos que lo llevaron a su prisión: la obediencia a su padre; su disponibilidad para ir más allá de lo que se le había pedido; y ahora eso. No tenía sentido; no era su problema que su padre lo amara más que a los demás. No era justo. Y aun así, parecía que a Dios no se le podía encontrar por ningún lado.

En la ruta de Egipto

Como lo designó la «suerte», una caravana de ismaelitas iba de paso. Para evitar mancharse las manos de sangre con alguien de su familia, los hermanos de José lo vendieron a los ismaelitas. Durante los días siguientes, y quizás por semanas, José viajó como esclavo en compañía de los ismaelitas. Noche tras noche, yacía bajo las estrellas preguntándose, sin duda alguna, por qué le estaba sucediendo todo eso. Él conocía la historia de su bisabuelo. Había escuchado cómo Dios le había hablado a Abraham en varias ocasiones. Seguramente se preguntaba: *¿Por qué Dios no me habla ahora?* Pero Dios permanecía callado.

En Egipto José fue vendido a Potifar, capitán de la guardia personal de Faraón. Su señor reconoció que José era especial. Cada proyecto en el que participó José prosperaba. Al fin, Potifar lo puso sobre toda su casa. La Biblia nos dice que Potifar no se preocupaba de nada excepto por la comida que ingería (ver Génesis 39.6).

Ahora, podemos ser tentados a pensar: *Bueno, es como cualquier historia de la Biblia; todo le salió bien a José.* Pero olvidamos que José no llegó un lunes y fue promovido el viernes siguiente. Lo mejor que podemos concluir es que estuvo de cinco a diez años al servicio de Potifar. Y el texto parece implicar que, la carrera de José en el cargo, no fue muy larga. ¿Quién sabe cuánto tiempo se la pasó limpiando establos o lavando a los cerdos? ¿Quién sabe qué tipo de vivienda tenía o con quién la tenía que compartir? Y a pesar de su eventual rango en la casa de Potifar, aun así seguía siendo esclavo. Aún se encontraba lejos de casa. Y a través de todo eso, ¡Dios permanecía callado!

Nada permanece para siempre

El autor de Génesis prepara el siguiente capítulo de la vida de José cuando escribe:

Por esto Potifar dejó todo a cargo de José, y tan solo se preocupaba por lo que tenía que comer.
José tenía muy buen físico y era muy atractivo.

—Génesis 39.6

Ciertamente no era culpa de José ser bien parecido. Ni tampoco eligió estar a cargo de la casa de Potifar. Pero la combinación de esas cosas eran más de lo que podía soportar la esposa de Potifar:

Después de algún tiempo, la esposa de su patrón empezó a echarle el ojo y le propuso: —Acuéstate conmigo.

—Génesis 39.7

Una vez más José hizo lo que debía. Pero de nuevo se metió en problemas. Rehusó acostarse con la esposa de su señor. Ella se enojó y lo acusó de haber intentado violarla. Cuando las cosas estaban empezando a mejorar, José fue encarcelado.

¿Puedes relacionarte con esto?

Espero que a estas alturas se hayan empezado a relacionar con José. En verdad que yo puedo hacerlo. No hay nada que perturbe más, que hacer lo que es correcto y después ver que las cosas no salen bien. O, ¿qué tal con la adversidad que viene como resultado de aquellas cosas sobre las cuales no tienes control? Cada vez que trato con el sufrimiento individual de algo que sucedió en la niñez, me pongo a pensar: *Señor, no fue la decisión de esta persona el haber nacido en ese hogar. ¿Por qué tiene que sufrir así?* Cuando estoy al lado de la cama de personas que sufren de cáncer u otra enfermedad, me encuentro haciéndome la misma pregunta.

Tú no escogiste a tus padres; sin embargo, tienes cosas que surgen de sus problemas. Puede que hayas perdido tu empleo por algo que no fue falta tuya. Pero tú eres el que está sufriendo. Quizás, seas alguna de esas mujeres que hizo todo lo posible por responder de la manera correcta a un esposo con el cual era imposible vivir, y ahora te ha abandonado a ti y a tus hijos.

Situaciones como estas crean preguntas difíciles. Parece que ellas justificaran en nuestras mentes los siguientes pensamientos: *Si hubiera un Dios en los cielos, no estaría sentado sin hacer nada mientras yo estoy sufriendo.* Muchas personas tienen daños irreparables en su fe como resultado de la adversidad. Es por eso que esta historia es importante.

Un paso adelante, dos hacia atrás

No hay manera de saber exactamente por cuanto tiempo estuvo José en prisión. Sabemos que fueron más de dos años (ver Génesis 41.1). Podrían haber sido hasta ocho o nueve años. Imagínate pasando los siguientes años de tu vida en una prisión extranjera, sin esperanza de tener un juicio. José era un esclavo. No tenía derechos ni nada que apelar. No había nadie que llevara su caso ante Faraón. No tenía ningún familiar que le visitara. Había sido enviado a prisión para que se pudriera allí. ¿Cuál era la razón de ello? La fidelidad a Dios, que no parecía estar mostrando mucha fidelidad a cambio. José había proclamado su fe (ver Génesis 39.9). Él estaba haciendo lo mejor que podía para permanecer leal. Pero no recibía ninguna bendición a cambio. Las cosas solo empeoraban y Dios seguía terriblemente callado.

Conforme pasaba el tiempo, nuevamente se le reconoció a José como responsable y digno de confianza. Al fin, el carcelero en jefe convirtió a José en el supervisor de toda la cárcel. Sin embargo, recuerden que no sabemos por cuánto tiempo fue tratado como un criminal común y corriente. En solo dos versículos, el escritor del Génesis lleva a José de la condición de prisionero a encargado de la prisión. Pero no es dejar de ser objetivo el pensar que meses, o tal vez años, pasaron antes de que se le reconociera como a alguien en quien se podía confiar. Y, aun en esos momentos, Dios permanecía callado.

De una manera más bien abrupta se nos presenta a dos nuevos personajes: al panadero y al copero del rey. Aparentemente no hay conexión entre esos dos y José, excepto el hecho de que fueron puestos en la misma prisión. Sin embargo, de la manera que lo planeó Dios, esos hombres tendrían un papel crucial para que Dios llevara a cabo sus planes.

No se nos dice por qué es que los dos cayeron en prisión, sino solo que fueron enviados allí. Como lo decidiría la «suerte», esos dos hombres serían puestos bajo el cuidado de José. El escritor nos dice que estuvieron allí «por algún tiempo». Esta es otra indicación de que los hechos aquí descritos están separados por largos períodos de tiempo; quizás meses o inclusive años. Una noche, después de haber estado allí por algún tiempo, cada uno de esos hombres tuvo un sueño. Cuando despertaron, la expresión de los dos era tal que, evidentemente, algo había sucedido. Y José les preguntó:

—¿Por qué andan hoy tan cabizbajos?

—Génesis 40.7

Ellos respondieron:

—Los dos tuvimos un sueño, y no hay nadie que nos lo interprete.

—Génesis 40.8

Una vez más la inconmovible fe de José se vuelve a expresar.

—¿Acaso no es Dios quien da la interpretación? —preguntó José—. ¿Por qué no me cuentan lo que soñaron?

—Génesis 40.8

Después de todo lo que había pasado y sin haber tenido ninguna esperanza de ser liberado, la fe de José permanecía firme, por lo que estaba dispuesto a expresar la que tenía en Dios. José escuchó cuidadosamente conforme cada uno de esos hombres relataba sus sueños. Luego les dijo su significado. El panadero iba a ser ejecutado. Sin embargo, el copero iba a ser puesto nuevamente en la posición de honor que antes ocupaba. La respuesta de José al copero nos asegura que era tan humano como el resto de nosotros. Él le dijo:

> Yo le ruego que no se olvide de mí. Por favor, cuando todo se haya arreglado, háblele usted de mí al faraón para que me saque de esta cárcel. A mí me trajeron por la fuerza, de la tierra de los hebreos. ¡Yo no hice nada aquí para que me echaran en la cárcel!
>
> —Génesis 40.14-15

José pudo haber tenido fe en Dios, pero tenía tantas ganas de salir de la prisión como cualquier otra persona. Pero una vez más, parece como si Dios se hubiera olvidado de él. Cuando el copero regresó a su posición las Escrituras nos dicen que:

> Sin embargo, el jefe de los coperos no se acordó de José, sino que se olvidó de él por completo.
>
> —Génesis 40.23

¿Algunas veces te sientes como si Dios te hubiera olvidado? Quizás le has suplicado a Dios para que cambie la manera de ser de tu pareja, pero no ves ningún cambio. Puede que seas adicto a algún tipo de narcótico y es probable que te parezca que tus oraciones no llegaran más allá del techo. No puedo hacer otra cosa sino creer que cada creyente se ha sentido olvidado por Dios en algún momento; que haya sentido como si Dios hubiese estado muy ocupado o haya estado preocupado con otra cosa.

Una familia olvidada

El doctor W.A. Criswell, pastor de la Primera Iglesia Bautista de Dallas, cuenta la historia de una familia que fue a visitar hace varios años cuando estaba en su apogeo el negocio petrolero. Esa familia en particular vivía en el área en donde las compañías petroleras estaban comprando los derechos petroleros de las propiedades de las personas. A través de toda el área, algunas familias se volvían ricas de la noche a la mañana conforme se descubría que había petróleo dentro de sus propiedades. Cuando el doctor Criswell entró en el terreno de esa familia, notó algo muy peculiar. No había pozos petroleros. En la propiedad contigua había varios pozos de los cuales ya se estaba bombeando, pero no había ni siquiera uno en la propiedad de esta familia que estaba visitando.

Fue saludado en la puerta por una mujer que se veía muy descuidada, de quien pensó correctamente que era la señora de la casa. Después salió su esposo, que le ofreció al doctor Criswell un asiento, y le contó su «triste» historia. Le dijo: «Pastor, Dios nos ha olvidado. Vea, hace casi un año se encontró petróleo en esta área. Llegaron unos ingenieros y le aseguraron a todos los de la comunidad que seríamos ricos; mucho más allá de lo que alguna vez pudimos haber soñado. Bien, vimos eso como la mano de Dios. Pocas semanas después varias cuadrillas empezaron a cavar en los diferentes terrenos de esta área. Surgieron yacimientos por todos lados. Sabíamos que solo iba a ser cuestión de tiempo antes de que empezaran a cavar en nuestra propiedad. Pero nunca sucedió. Doctor Criswell, Dios no nos miró. Descubrieron petróleo a ambos lados de nuestro terreno, aun en el de atrás de nosotros, pero no descubrieron ni siquiera una gota en el nuestro. Los vecinos están vendiendo sus casas, se están yendo a la ciudad y nos están dejando solos».

Me imagino que José se debió haber sentido bastante solo cuando estaba sentado en aquella celda egipcia. No lo sabemos con certeza, pero quizás también se sintió traicionado. Por lo que sabía, el copero no le había hablado de él a Faraón a propósito. Una vez más José estaba sufriendo por haber tratado de hacer el bien. Y por dos años más permaneció siendo prisionero en Egipto. Dos años de estarse preguntando por qué Dios había permitido que le sucediera eso. Dos años de batallar dentro de su mente pensando si el copero se había olvidado de él o simplemente no se interesó en ayudarlo. Dos años para repetirse mentalmente las cosas que ocurrieron con sus hermanos, con Potifar, con la esposa de este y ahora esto. Dos largos años… y Dios seguía callado.

Mientras tanto…

Dos años más tarde, el faraón tuvo un sueño … Sin embargo, a la mañana siguiente se levantó muy preocupado, mandó llamar a todos los magos y sabios de Egipto, y les contó los dos sueños. Pero nadie se los pudo interpretar.
—Génesis 41.1, 8

Fue en ese momento que el copero del rey al fin recordó a José. Así que lo sacó del calabozo, lo afeitó, le dio ropa limpia y lo trajo ante Faraón.

Le dijo: Tuve un sueño que nadie ha podido interpretar. Pero me he enterado de que, cuando tú oyes un sueño, eres capaz de interpretarlo.
—Génesis 41.15

Ponte en el lugar de José por un momento: ¿Cómo le habrías respondido a Faraón? Yo sé que le hubiera dicho yo: «Antes de interpretar cualquier sueño, tenemos que hacer un pequeño trato. Primero que nada, *¡se acabó mi prisión!* En segundo lugar…». Pero las palabras que salieron de la boca de José desafían todas las explicaciones humanas. No había amargura, aunque tenía buenas razones para estar amargado. No habló con ira, aunque creo que yo hubiera estado extremadamente enojado. No habló del mal que se le había hecho. Simplemente miró a Faraón, el hombre más poderoso del mundo en esa época, y le dijo:

> No soy yo quien puede hacerlo, sino que es Dios quien le dará al faraón una respuesta favorable.
>
> —GÉNESIS 41.16

Y Dios le dio la respuesta a Faraón. Faraón quedó tan impresionado con José, que lo convirtió en el segundo hombre de Egipto. En un breve momento José pasó de ser un esclavo sin esperanza a ser el segundo hombre al mando de la nación más poderosa de la tierra. Después de trece años de miseria, finalmente algo bueno le aconteció.

Callado, pero no inmóvil

Lo que sucedió, sin embargo, fue mucho más asombroso que lo que José habría esperado. Él no sabía que Dios estaba preparando el escenario para un movimiento clave dentro de su plan de salvación para el mundo. Porque Dios había decidido entregar a su pueblo escogido —a través del cual vendría el Mesías posteriormente—, como esclavos a una nación pagana. Luego, al liberarlos de una manera milagrosa de una fuerza conocida en el mundo entero, le demostraría a todas las naciones que él era el único Dios verdadero. Además de todo eso, su pueblo tendría una heredad de fe y una figura de lo que un día haría el Mesías por todas las naciones.

El problema (humanamente hablando) era cómo sacar a su pueblo de la tierra que él les había dado a través de Abraham para llevarlos a una nación extranjera. Inicialmente tendrían que ser bien recibidos y deberían tener suficiente libertad para poder vivir juntos y multiplicarse. Así que Dios decidió llevar a cabo todo eso a través de un hombre: José. Una vez que fue nombrado como la segunda persona al mando, prácticamente no había nada que no pudiera hacer, incluido el hecho de invitar a toda su familia para que se viniera a establecer a Egipto durante la época de hambre que iba a «suceder» en los próximos años. Mientras viviera, él podía garantizar su seguridad y su libertad. José era una de las piezas clave en uno de los episodios más estratégicos en la historia de la salvación, y ¡nunca lo supo!

Si hay algo claro en la historia de José, es lo siguiente: El silencio de Dios de ninguna manera es indicativo de su actividad o participación en nuestras vidas. *Puede que esté callado, pero no está inmóvil.* Suponemos que, puesto que no escuchamos nada, es que él no está haciendo nada. Juzgamos el interés y el involucramiento de Dios por lo que vemos y por lo que escuchamos.

De la misma manera, somos culpables de juzgar la participación de Dios en nuestras vidas por lo favorables o desfavorables que sean nuestras circunstancias. Mientras las cosas estén bien, no tenemos duda alguna de que Dios está con nosotros, cuidándonos, protegiéndonos, proveyendo lo que necesitamos. Pero tan pronto como llega la adversidad, empezamos a pensar: *Señor, ¿dónde estás? ¿Por qué no haces algo? ¿Estás poniendo atención a lo que me pasa?*

La intervención y el interés de Dios por nuestras vidas no pueden ser juzgados por la naturaleza de nuestras circunstancias. Su participación es medida por dos cosas: Primero que nada, el desarrollo de nuestro carácter y, en segundo lugar, por el cumplimiento de su plan. José se pasó casi trece años enfrentando una adversidad tras otra. Y Dios estuvo involucrado en cada una de ellas. Fue a través de esas situaciones que Dios estaba cumpliendo su voluntad. Dios también utilizará la adversidad para llevar a cabo su voluntad en nuestras vidas.

Mientras tanto...

Puede que te estés preguntando: «Así que, ¿qué se supone que debo hacer mientras tanto?». La respuesta es bastante sencilla, aunque no necesariamente fácil. Confía en Dios. Esta respuesta puede parecer demasiado sencilla para la situación tan complicada en la que te encuentras. Pero pienso elaborar más sobre este tema en el resto de este libro. No obstante, aunque este fuese el último capítulo de esta obra, considera cuáles son las opciones que tienes. Si no vas a confiar en Dios, ¿qué vas a hacer entonces? Tomar las cosas por tu propia cuenta es arriesgarte más a fracasar. ¡Pregúntaselo a Jonás! De hecho, tal vez no tengas que ir más allá de tus propias experiencias. ¿En qué ocasión le has dado la espalda a los planes de Dios y has salido ganador?

Es probable que estés diciendo: «Pero, es que usted no entiende mi situación». Y puede que tengas razón. Sin embargo, piensa en José. No tenía amigos, familia, iglesia, libertad, dinero, Biblia, ni siquiera una aparente respuesta que viniera de Dios. No obstante permaneció fiel y de igual manera lo hizo su Padre celestial.

Cuando Dios está callado, solo tienes una opción razonable: confía en él; mantente firme; espera en él. Puede que esté callado, pero no se ha apartado de ti.

De regreso al rancho

Ahora quiero contarles que fue lo que pasó al final con la familia que no tenía petróleo en su tierra. Varios años después el doctor Criswell se tropezó con el padre de la familia. Tenía una sonrisa de oreja a oreja. Criswell supuso que al fin habían encontrado petróleo en su terreno. «Todo lo contrario», respondió el hombre. «Nunca encontraron petróleo y estoy contento por ello». Eso realmente tomó al pastor por sorpresa. El hombre continuó hablando: «Sucedió algo muy extraño, todos nuestros vecinos se fueron a vivir a la ciudad, donde compraron casas y autos caros. Enviaron a sus hijos a las mejores escuelas. La mayoría de ellos se hicieron miembros de diversos clubes. Pero antes de que pasara mucho tiempo ese estilo de vida empezó a cobrar sus consecuencias. Los matrimonios empezaron a romperse uno tras otro. Sus hijos se rebelaron. No sabemos de ninguno de ellos que vaya a la iglesia periódicamente. Pastor, Dios nos hizo un favor muy grande al no poner nada de petróleo en nuestra tierra. Aún estamos juntos y nos amamos más que nunca. Cada día le damos gracias por darnos lo que es importante y por protegernos de las cosas que no lo son».

Dios no se había olvidado de esa familia. Pero les tomó algún tiempo darse cuenta de ello. Amigo, Dios no se ha olvidado de ti. Puede ser que esté callado, pero no está quieto. Recuerda: *El silencio de Dios siempre se hace más patente con la angustia de la adversidad.* Pero aun a través de la desgracia más grande, él está trabajando para desarrollar tu carácter y para llevar a cabo su voluntad en tu vida.

Capítulo 4

Justicia para todos

Si Dios es Todopoderoso, ciertamente tiene la habilidad para poner fin a la injusticia. Si es un Dios justo, con seguridad que desea hacer justicia. Sin embargo, vivimos en un mundo lleno de injusticia. ¿Qué es lo que sucede? Esta pregunta se presenta de diferentes formas y casi siempre de manera no muy clara. Es la cuestión que hay tras las lágrimas de tristeza en la esposa que ha sido abandonada. Es la razón para que haya duda en la mirada de un niño del cual se ha abusado. Es la causa para que haya inseguridad en un hombre que ha sido echado de su empleo por una causa trivial, justo unos meses antes de que le tocara jubilarse. «Si Dios es justo, ¿por qué permite que la injusticia afecte a aquellos a quienes ama?».

Todos hemos hecho estas preguntas en algún momento. Si no por nuestra propia causa, por causa de un amigo o de un familiar. Pero no hemos sido los primeros que hemos sido golpeados por la realidad de la injusticia de este mundo. En el primer siglo la nación de Israel estuvo saturada de todo tipo de injusticias. Habiendo sido conquistados por el Imperio Romano, estaban a merced de una fuerza extranjera. Los romanos cobraban impuestos muy altos a los judíos para poder solventar sus campañas militares en otras partes del mundo. Confiscaban las mejores tierras, tomaban los mejores productos, colocaban su propio gobierno y constituían a sus propios gobernadores y magistrados.

En el momento que el pueblo necesitaba con desesperación que los guiaran los líderes religiosos, no se encontraba a ninguno de ellos. Estos, se habían vendido a los romanos. A cambio de posiciones honrosas y privilegios, los fariseos habían prometido animar a los judíos a trabajar para Roma, y a no oponérsele. Los líderes religiosos se convirtieron en peones que los romanos utilizaban para mantener la paz.

En esa atmósfera opresiva y con una repulsiva injusticia, anduvo el Señor Jesús. Conforme se esparcían las noticias de su ministerio, se difundían los rumores de que este podía ser el Mesías. Las expectativas empezaron a aumentar, porque el pueblo esperaba que con el Mesías viniera una reforma social, política y religiosa. Esperaban que el Mesías restableciera la justicia en la tierra. Así que, Jesús estaba en los negocios de su Padre, sabiendo que la mayor presión estaba en traer una reforma notable. Las expectativas y los deseos del pueblo en los días de Jesús eran bastante parecidos a los nuestros. Ellos querían justicia. Estaban cansados de sufrir injustamente. Estaban listos para que Dios hiciese algo. Como respuesta a la frustrante situación que sintió entre el pueblo, Jesús dijo la parábola siguiente:

> Les dijo: «Había en cierto pueblo un juez que no tenía temor de Dios ni consideración de nadie. En el mismo pueblo había una viuda que insistía en pedirle: "Hágame usted justicia contra mi adversario." Durante algún tiempo él se negó, pero por fin concluyó: "Aunque no temo a Dios ni tengo consideración de nadie, como esta viuda no deja de molestarme, voy a tener que hacerle justicia, no sea que con sus visitas me haga la vida imposible"».
>
> Continuó el Señor: «Tengan en cuenta lo que dijo el juez injusto. ¿Acaso Dios no hará justicia a sus escogidos, que claman a él día y noche? ¿Se tardará mucho en responderles? Les digo que sí les hará justicia, y sin demora. No obstante, cuando venga el Hijo del hombre, ¿encontrará fe en la tierra?».
>
> —LUCAS 18.2-8

Jesús presenta el caso de un juez injusto y una viuda que tiene muy pocos derechos, si es que tiene algunos. Ella necesita que se le haga justicia y, aparentemente, el juez injusto es su única esperanza. Día tras día acude a él para rogarle que la ayude. Finalmente el juez piensa: Si no hago algo al respecto, esta mujer me va a volver loco. Y no solo eso, podría arruinar mi reputación. Así que se da por vencido y le presta ayuda. Una lectura ligera parecería indicar que el punto de la parábola es el siguiente: si molestas a Dios lo suficiente, él te va a hacer justicia. Pero eso no es lo que Cristo quiere decir. La parábola está presentada de tal manera, que hace una comparación entre un juez injusto y un Dios justo.

Lo que Jesús dice es lo siguiente: si un juez injusto puede ser convencido de que le haga justicia a una viuda con la cual no tiene relación alguna ni ningún interés, cuanto más confiados deberíamos estar en que un Dios justo haga justicia por sus elegidos. Por si acaso las personas que lo escuchaban no entendían claramente lo que trataba de decir, Jesús afirma: «¿Se tardará Dios en responderles?». El punto es que Dios va a hacer justicia a sus elegidos, siendo los elegidos aquellos que han expresado su fe en Cristo. Creo que eso dio una sensación de descanso a su audiencia, como se la da a aquellos que de vez en cuando preguntamos si alguna vez va a haber justicia en la tierra. Pero también me imagino que debieron haber tenido la misma pregunta que tú y yo nos hacemos: *¿Cuándo?* ¿Cuándo le va a hacer justicia Dios a sus elegidos? ¿Cuándo van a ser castigados los injustos? ¿Cuándo van a ser vengados aquellos que han sido tratados injustamente?

Un problema de horario

Jesús sabía que sus palabras crearían interrogantes con respecto al momento del cumplimiento de esa promesa. Sin embargo, nos conoce tan bien que anticipó la manera en que íbamos a reaccionar ante su respuesta. Así que la presenta en forma de pregunta, poniendo de ese modo la situación en nuestras manos antes que tengamos tiempo de argumentar. Y dice: Cuando venga el Hijo del hombre, ¿encontrará fe en la tierra?». Habrá justicia para los elegidos cuando Cristo regrese por segunda vez.

No hay duda de que había miradas de confusión y de desmayo en las caras de aquellos que estaban presentes el día que dijo eso. Debieron haber pensado: *¿Cuando venga el Hijo del Hombre? Pero, ¡si ya está aquí!* Para nosotros, su repuesta no trae tanta confusión como desilusión, porque no queremos esperar hasta que Cristo venga nuevamente para ver que la justicia prevalezca. ¡La queremos *ya*! No hay duda de por qué en los últimos veinte años ha habido un creciente énfasis con respecto a lo que Dios va a hacer por nosotros en la actualidad. Vean los títulos de los libros en la librería cristiana de su localidad; escuchen los sermones que salen al aire los domingos por la mañana. «Cree hoy y sanarás mañana». En nuestros intentos por ver a Dios haciendo algo en nuestras vidas hemos perdido de vista la escena principal. Nos hemos olvidado de lo que Dios ha hecho en la historia. Hemos pasado por alto el hecho de que vivimos en una era mala y pecaminosa, la cual es una maldición de Dios. Aun la naturaleza gime y espera ser liberada (ver Romanos 8.18-25). La respuesta final al problema del sufrimiento y de la injusticia en el mundo es el regreso del Señor Jesucristo. A su regreso, todos los hombres y las mujeres tendrán que presentarse delante de él y rendir cuenta por lo que hayan hecho. En el libro de Apocalipsis el apóstol Juan lo describe de la siguiente manera:

> Luego vi un gran trono blanco y a alguien que estaba sentado en él. De su presencia huyeron la tierra y el cielo, sin dejar rastro alguno. Vi también a los muertos, grandes y pequeños, de pie delante del trono. Se abrieron unos libros,

y luego otro, que es el libro de la vida. Los muertos fueron juzgados según lo que habían hecho, conforme a lo que estaba escrito en los libros … y cada uno fue juzgado según lo que había hecho.

—Apocalipsis 20.11-13

Juan deja claro que aquellos que estén ante el gran trono blanco, serán juzgados de acuerdo a sus actos. El apóstol Pablo hizo eco de la misma idea cuando escribió:

Porque es necesario que todos comparezcamos ante el tribunal de Cristo, para que cada uno reciba lo que le corresponda, según lo bueno o malo que haya hecho mientras vivió en el cuerpo.

—2 Corintios 5.10

Este pasaje es interesante por dos razones. Primera: se incluye a los creyentes en este juicio. Segunda, la frase *reciba lo que le corresponda* significa «pagar». Se nos va a pagar por nuestros hechos, ya sean buenos o malos. Eso significa: todo vendedor tramposo, todo empleado deshonesto, todo esposo infiel… y podríamos seguir adelante con la lista. En ese día se hará justicia a los elegidos de Dios. ¡Van a ser vengados!

Pero ¡aún hay más!

Pero eso es solo la mitad de la historia. No solamente son los injustos los que van a ser juzgados por lo que hayan hecho, sino que los justos van a ser recompensados. En el Sermón del Monte Jesús dijo que aquellos que sufren de un trato injusto tendrán una «gran» recompensa en el cielo (ver Mateo 5.10). Los elegidos de los cuales se ha abusado, que han sido abandonados, a los que se les ha robado, de los que se ha tomado ventaja, todos van a ser recompensados por su dolor.

Porque es digno de *«elogio»* que, por sentido de responsabilidad delante de Dios, se soporten las penalidades, aun sufriendo injustamente ... En cambio, si sufren por hacer el bien, eso merece *«elogio»* delante de Dios. Para esto fueron llamados, porque Cristo sufrió por ustedes, dándoles ejemplo para que sigan sus pasos.

—1 Pedro 2.19-21, énfasis mío.

Pedro nos dice que cuando somos tratados injustamente Dios ve desde el cielo y sonríe; él encuentra «un favor» en ello. Dios se alegra cuando sufrimos injustamente. ¿Por qué? Porque para eso se nos ha llamado. No deberíamos sorprendernos cuando se nos trata injustamente. De hecho, cuando no se nos trata así, es que ¡deberíamos sorprendernos! Así como Cristo sufrió un trato injusto, nosotros también vamos a sufrir.

En fin, vivan en armonía los unos con los otros; compartan penas y alegrías, practiquen el amor fraternal, sean compasivos y humildes. No devuelvan mal por mal ni insulto por insulto; más bien, bendigan, porque para esto fueron llamados, para heredar una bendición.

—1 Pedro 3.8-9

Aquellos que sufren injustamente no solo serán vengados por Dios, sino que también van a heredar una bendición. Santiago se refiere a esa bendición como a la «corona de la vida» (ver Santiago 1.12). Nadie sabe con exactitud qué es lo que eso va a ser. Pero: el contexto de estos versículos parece indicar que cualquier cosa que sea, va a recompensar todo lo que hayamos sufrido.

Primero las primeras cosas

Piensen en algo por un minuto. Queremos que haya justicia en este momento. No queremos esperar hasta que regrese el Señor. Pero, ¿sabías que ni siquiera ha sido vengada la muerte del Hijo de Dios? El crimen más terrible de la historia aún tiene que llegar al juicio. En algún lugar están sentados los hombres responsables de la muerte de Cristo y aunque el crimen sucedió hace muchos años, su caso todavía no ha sido juzgado. Dios ha decidido esperar hasta el regreso de Cristo para juzgar a aquellos que crucificaron a su Hijo.

Amigo, si Dios ha decidido retardar su justicia por esa causa, ¿quiénes somos nosotros para demandar que nuestro caso proceda? Dios sabe cuando sufrimos injustamente. No solo eso, sino que está tomando notas, porque las Escrituras nos prometen que vamos a ser juzgados de acuerdo a nuestras obras. Siendo ese el caso, entonces alguien, en algún lugar, ¡debe estar escribiendo todo esto! Dios no te ha abandonado a los caprichos y deseos de aquellos que son más poderosos.

Él se percata cuando maltratan a sus hijos por causa de sus opiniones religiosas. Jovencita, él sabe cuando las mujeres con menos talento pasan sobre ti por no quererte comprometer moralmente.

Él ve a la madre abandonada que mes tras mes no sabe si su esposo, que se ha marchado, va a enviar un cheque. Dios está tomando nota de todo. Él ya eligió un fiscal, un jurado y un juez. Y todos ellos son la misma persona: el Señor Jesús. En el día de ese juicio, él hará justicia a sus elegidos.

Hasta entonces...

Así que, ¿qué vamos a hacer mientras tanto? En esta encrucijada la pregunta de Jesús cobra bastante significado.

Cuando venga el Hijo del hombre, ¿encontrará fe en la tierra?

—Lucas 18.8

Jesús estaba preguntando si los elegidos iban a permanecer fieles aunque su justicia se retrasara. ¿Iba a regresar para encontrar que los elegidos habían hecho las cosas a la manera de ellos? ¿Iba a regresar para encontrar que habían perdido las esperanzas y abandonado la fe? El mero hecho de que Jesús hiciera tal pregunta, hace que veamos cuán bien nos entiende. Él sabe cuán difícil es para nosotros esperar. Él conoce el sentimiento que nos produce saber que se han aprovechado de nosotros o de que solo se nos ha utilizado.

Con esa pregunta, Jesús nos asigna nuestra tarea: permanecer fieles; que oremos por justicia y que esperemos al Juez. Por fidelidad, simplemente quiere decir que hagamos lo que sabemos mientras confiamos en él en cuanto a todo lo demás. Para algunos, eso puede significar recoger las partes de un matrimonio roto y empezar a reconstruirlo de adentro hacia afuera. Para otros puede significar empezar una nueva carrera. Si vemos más allá de los detalles de nuestro mundo externo, la fidelidad puede profundizarse aun más. Para unos, puede significar arrepentirse de dudar y estar enojados contra Dios.

Quizás, en algún momento de tu pasado recibiste un severo impacto emocional o incluso un golpe físico. En ese momento no fuiste capaz de reconciliar el conflicto que crea tal injusticia con la existencia de un Dios amoroso. Y te alejaste del Señor. Amigo, él te entiende. No es una coincidencia que estés leyendo estas líneas. Aun ahora Dios está tratando de hacer que regreses a él. La fidelidad para ti puede significar restablecer tu fe en Dios, confesar tus dudas y volver a aprender a andar por fe.

Deja salir lo que tienes

Para otros, la fidelidad significará dejar pasar años de amargura y de venganza que han ido almacenando dentro de ellos. Quizás seas la persona que se acuesta por la noche y tiene conversaciones imaginarias con su ex esposa. O quizás estés soñando con desquitarte de tu jefe. O trates de idear formas para atribular a aquellos que te han tratado injustamente. Te has dado cuenta que al permitir que tales cosas continúen, de hecho le estás diciendo a Dios: «No confío en que harás justicia en esta situación. ¿Necesitas mi ayuda?». Dios no necesita tu ayuda.

Dios ha señalado a Cristo para que juzgue a los impíos y para que defienda a los inocentes. Si acumulas odio y rencor hacia aquellos que te han lastimado, la herida solo se va a profundizar. Aquellos que están alrededor tuyo van a sufrir, porque la amargura es como un veneno; causa daño a todo aquel que toca. No hay razón para permitir que te lastimen aun más los que ya te han lastimado. Entrégale todo ese daño al Señor, dile que lo reconoces como tu juez y como tu vengador. Pídele que te muestre cómo volver a asumir la actitud correcta. No va a suceder de un día a otro. Pero él es fiel. Y todo lo que pide de ti es que tú también permanezcas fiel, ¡sabiendo que él hará justicia a sus escogidos! Cuando el Hijo del Hombre regrese por los suyos,

Él será fiel.

Cuando el Juez de toda la humanidad tome su trono.

Él será verdadero.

Y cuando yo esté delante de su presencia, sin ninguna excusa; y sea juzgado por lo que hice y por lo que no hice:

Que me encuentre fiel.

¡Y que me encuentre verdadero!

Capítulo 5

Avanza a través de la adversidad

Las narraciones bíblicas como las de Lázaro y José, dejan algo en claro que no se puede negar: *Dios utiliza la adversidad en las vidas de sus hijos.* La adversidad, sin embargo, no es simplemente *una* herramienta. Es la más efectiva para avanzar en nuestra vida espiritual. Las circunstancias y los sucesos que vemos a menudo como retrocesos, son cosas que nos colocan en períodos de intenso crecimiento espiritual. Una vez que empecemos a entender esto, y a aceptarlo como un hecho espiritual de la vida, la adversidad se convierte en algo más fácil de soportar.

Es dentro del contexto de este principio que Pablo pudo decir:

Sabemos que Dios dispone todas las cosas para el bien de quienes lo aman, los que han sido llamados de acuerdo con su propósito.

—ROMANOS 8.28

Esta es una promesa condicional. Para la persona que no ama a Dios y que, por lo tanto, no está interesada en conocerle o en crecer espiritualmente, todas las cosas no ayudan a bien; sencillamente porque a veces aquel «bien», es la lección o el desarrollo profundo del carácter que resultan de la adversidad. Desde la perspectiva de Dios, es bueno si aprendemos a ser pacientes. Es bueno si aprendemos a amar a aquellos que no nos simpatizan. Dios valora el carácter mucho más que las riquezas, que la preeminencia, que la salud, o que muchas otras cosas que nosotros consideramos como de valor.

¿El bien de quién?

El «bien» de Romanos 8.28 no es necesariamente la historia del hombre que perdió su empleo y termina obteniendo uno mejor. Pero podría ser la de un hombre que pierde su empleo para obtener un mejor entendimiento de lo que significa confiar en Dios día tras día. El «bien» de Romanos 8.28 no es necesariamente la historia de una joven que pierde el amor de su vida para encontrar algo mejor posteriormente. En vez de eso, podría ser la historia de la joven que a través de la tragedia de perder el amor de su vida, descubre el llamamiento para servir a Dios a tiempo completo.

La razón por la cual muchos de nosotros batallamos tan intensamente con la adversidad, es porque aún necesitamos adoptar la perspectiva y las prioridades de Dios. Conforme lees acerca de las vidas de los personajes bíblicos, rápidamente notas que sus historias no terminan diciendo: «Y vivieron felices para siempre». A menudo, sus historias parecen terminar justamente de la manera contraria. Moisés murió a unos pocos kilómetros de la Tierra Prometida. Pablo, de acuerdo a la tradición, fue decapitado por Nerón. Muchos de los discípulos fueron martirizados.

¿Debemos entonces llegar a la conclusión, por estos ejemplos, de que a Dios no le interesa que sus hijos sean felices? ¡No! Se nos dice que el cielo va a ser un lugar de gran gozo y felicidad. Pero Dios quiere mucho más para nosotros que una vida libres de problemas. La realidad es que, las personas que casi siempre pensamos que no tienen problemas son las más infelices del mundo. Por lo general se aburren. Después de algún tiempo, su aburrimiento las lleva a cosas que les causarán problemas. Es un error pensar que una vida sin problemas, sea feliz.

La felicidad definida

La felicidad, de la manera en que Dios la define es, «un estado de bienestar que llega hasta lo profundo del alma de un hombre o de una mujer». Su contexto es mucho más amplio que las meras circunstancias. Su efecto en las emociones va más allá de la emoción momentánea y el medio por el cual uno llega a ella no es adquiriendo más cosas; ni tampoco arreglando las circunstancias. La felicidad que Dios desea para sus hijos viene solo a través del proceso del crecimiento espiritual y de la madurez. Aparte de eso, no hay felicidad que perdure.

Dios quiere que seamos felices, pero no con la felicidad que da el mundo. Él anhela que nuestra felicidad sea expresada por el deseo que tiene de que «crezcamos» espiritualmente. El apóstol Pablo lo expresa de la siguiente manera:

> Así ya no seremos niños, zarandeados por las olas y llevados de aquí para allá por todo viento de enseñanza y por la astucia y los artificios de quienes emplean artimañas engañosas. Más bien, al vivir la verdad con amor, *«creceremos hasta ser en todo»* como aquel que es la cabeza, es decir, Cristo.
>
> Efesios 4.14-15, énfasis mío.

Permanecer inmaduro, espiritualmente hablando, es arriesgarse a abandonar la fe en cualquier momento. Adoptar el punto de vista mundano o aceptar la filosofía de la vida que es diferente a la voluntad de Dios, es lo mismo que abrazar la mentira. Nadie ha sido «feliz» por mucho tiempo por estar apegado a una mentira. Por lo tanto, el crecimiento espiritual es imperativo desde el punto de vista de Dios; no solo por nuestro bienestar espiritual, sino también por nuestra felicidad en general. Un crecimiento espiritual continuo, por tanto, es el medio por el cual Dios nos mantiene sintonizados con el propósito que tiene para nuestras vidas.

Puesto que la adversidad es la herramienta más eficaz en lo que concierne al crecimiento espiritual, el grado al que deseamos llegar en dicho aspecto corresponde a nuestra habilidad para tratar con la adversidad de manera exitosa. Los hombres y las mujeres que están solo marginalmente interesados en madurar como cristianos, van a tener momentos difíciles con la calamidad. Su tendencia será culpar a Dios y amargarse. En lugar de ver la adversidad como un medio con el cual Dios está tratando de hacer algo por ellos, lo verán como algo que Dios está haciendo contra ellos. Todo es cuestión de prioridades y de perspectiva. Si nuestras prioridades son fáciles, cómodas y placenteras, tendremos poca tolerancia con la adversidad. La veremos como una interrupción más que como parte del plan de Dios con nuestras vidas.

Pero cuando permitimos que Dios moldee nuestras prioridades, la adversidad cobra un significado completamente novedoso. La vemos como parte integral de lo que Dios está haciendo en nuestras vidas. Empezamos a entender que algunas veces es el medio para alcanzar mayor gozo y paz. No nos da pánico ni asumimos que Dios nos ha olvidado. Más bien, podemos gozarnos. ¿Por qué? Porque Dios está en el proceso de traer otro bien a nuestra vida.

Los hombres y las mujeres espirituales salen con alegría de la adversidad por lo que Dios les ha enseñado. Las personas carnales a menudo salen amargadas y enojadas con Dios debido a lo que «él les ha hecho pasar». Son rápidos para señalar que «no todas las cosas ayudan a bien», ignorando la segunda mitad del versículo por conveniencia propia.

Una lección anual

Parece que tengo que aprender esta misma lección al menos una vez al año. Soy una persona orientada a los logros; me gusta ver que se empiecen proyectos y que se concluyan. Me agrada que sean varios y llevarlos a cabo al mismo tiempo. Me encanta trazarme metas. Siempre estoy escribiendo listas de cosas que hay que hacer. Por causa de mi personalidad y de mi acelerado estilo de vida, nada es más frustrante que estar enfermo. ¡Qué desperdicio de tiempo! Primero me enojo y digo: «Señor, ¿tienes idea de lo que estoy pasando?

No tengo tiempo para estar enfermo». Después, recuerdo que estoy dentro del ministerio y trato de lucir espiritual. «Señor, ¡tu obra está sufriendo!». Si no sano rápido, ¿qué va a suceder con el ministerio?». Por último, me doy cuenta de que Dios no se impresiona con mi consagración a su obra y que no puede ser chantajeado ni manipulado. Hasta entonces empiezo a hacer la pregunta correcta: «¿Señor, qué es lo que me estás diciendo?, ¿qué quieres que aprenda?, ¿qué hay en mi estilo de vida que debe ser cambiado o eliminado?». Por alguna razón, no es sino hasta que estoy acostado que me dispongo a hacer esas preguntas. El resto del tiempo estoy demasiado ocupado haciendo «la obra del Señor».

En esas ocasiones, Dios me ha enseñado algunas de las mejores lecciones que jamás he aprendido. Cuando regreso al púlpito, estoy lleno de ideas y de entusiasmo. Eso ya me ha sucedido tantas veces que la congregación se emociona cuando me enfermo. No porque quieran que sufra, sino por las bendiciones que reciben cuando vuelvo a estar sobre mis pies y por compartir lo que el Señor me ha enseñado.

«Es fácil que usted lo diga»

Observo que la adversidad que estás enfrentando puede ser de una naturaleza más seria que mis problemas anuales con la gripe o con algún ajuste temporal. Estoy consciente, y me duele, la tendencia en los sermones y en la literatura a simplificar demasiado lo que respecta al tema de la adversidad. Pero lo cierto es que Dios quiere utilizar la calamidad que estás enfrentando para que avances en tu crecimiento espiritual. La Biblia nos da muchas razones para creer que Dios podría quitar toda adversidad de nuestras vidas con tan solo pronunciar una palabra. Pero la experiencia nos dice que él ha decidido no hacerlo de esa manera.

Mucho más importante que nuestra tranquilidad, nuestra comodidad y nuestro placer es nuestro crecimiento espiritual.

Si somos creyentes —es decir, que hemos confiado en la muerte de Cristo como pago por nuestros pecados—, Dios nos tiene en una escuela. Está en el proceso de enseñarnos acerca de él; acerca de su fidelidad, de su bondad, de su compasión y de su santidad. Al igual que cualquier otra escuela, unas clases son más atractivas que otras. Y, si somos sinceros, «Adversidad elemental» no es una de nuestras clases favoritas. Pero es esencial si es que vamos a «crecer» en el Señor.

El antiguo recurso

El versículo más citado de toda la Biblia cuando se habla acerca de la adversidad es Santiago 1.2. Por desdicha, versículos como este se vuelven tan conocidos que pierden su significado después de algún tiempo. Siendo ese el caso, a propósito esperé hasta llegar a este capítulo para mencionarlo.

Aun cuando detestemos admitirlo, la verdad de Santiago es fundamental. Sirve como la base sobre la cual reposa nuestro entendimiento de la adversidad. Santiago escribe:

> Hermanos míos, considérense muy dichosos cuando tengan que enfrentarse con diversas pruebas, pues ya saben que la prueba de su fe produce constancia. Y la constancia debe llevar a feliz término la obra, para que sean perfectos e íntegros, sin que les falte nada.
>
> —Santiago 1.2-4

Necesitamos notar varias cosas en estos versículos. Primero, nuestra actitud inicial en cuanto a los problemas debe ser la dicha. Al echarle el primer vistazo a Santiago, vemos que parece manifestar una increíble falta de sensibilidad. Cuando estoy enfrentando una crisis en mi vida, la última cosa que quiero es a un predicador diciéndome ¡que me *considere muy dichoso*! Sin embargo, Santiago no nos está diciendo que nos gocemos por causa de los problemas. No hay nada que festejar con los problemas. Solo nos estamos engañando cuando decimos obligadamente y sin entusiasmo: «Alabado sea el Señor», cada vez que algo nos sale mal.

Santiago es bastante claro con respecto a por qué tenemos que gozarnos en medio de la adversidad. Sin embargo, lo afirma asumiéndolo más que razonándolo. Santiago supone que sus lectores están tan consagrados al crecimiento espiritual, que cuando entiendan que esos problemas los llevarán a crecer más espiritualmente, se van a gozar porque el resultado final ¡es crecimiento! La «prueba» de nuestra fe produce «constancia», que es un factor de la madurez.

El término *perfecto* implica la idea de la madurez. Cuando las personas son forzadas a soportar los problemas, maduran en ciertas áreas. Santiago dice que el sufrimiento puede traer mucha madurez a un individuo. Advierte que hay una manera de interrumpir ese proceso de maduración. E instruye a sus lectores para que «permitan que la constancia obtenga el resultado perfecto». La implicación es que al reaccionar ante la calamidad de manera incorrecta, producimos un corto circuito en el proceso de maduración. Al resistir a la adversidad, impedimos la obra que Dios desea hacer en nuestras vidas. Desplazamos las cosas importantes que Dios quiere realizar a través de la desgracia que nos ha llegado.

Sé de varias personas que se enojan con Dios por causa de la adversidad que afrontan. Un chico en particular se niega a poner un pie dentro de la iglesia porque no obtuvo la promoción que pensó que merecía. Otra señora se enojó porque Dios no impidió que su hija se casara con un muchacho que no era creyente. La tragedia en cada caso es que las personas se han puesto en la «banca» espiritualmente hablando. No pueden avanzar ni un centímetro en lo espiritual hasta que cambien su perspectiva acerca de la adversidad. La misma cosa que Dios permitió en sus vidas como un incentivo para crecer los ha colocado en un coma espiritual.

¿Por qué? Porque se negaron a «dejar que la constancia tenga su perfecto resultado».

Mientras no nos comprometamos con el proceso de la madurez y del crecimiento espiritual, nunca vamos a poder tomar a Santiago en serio. Nunca va a haber dicha en el sufrimiento. Santiago supuso que cuando la mayoría de sus lectores aprendieran que esa prueba de fe produciría constancia, iban a estar radiantes de alegría.

¿Considérense muy dichosos?

Puede que estés pensando: *Eso es ridículo. ¿Cómo puede ser alguien tan entusiasta en cuanto a crecer espiritualmente como para sentirse dichoso cuando enfrenta la adversidad?* Si esa es tu actitud, los siguientes versículos de esta página son para ti.

Si a alguno de ustedes le falta sabiduría, pídasela a Dios, y él se la dará, pues Dios da a todos generosamente sin menospreciar a nadie. Pero que pida con fe, sin dudar, porque quien duda es como las olas del mar, agitadas y llevadas de un lado a otro por el viento. Quien es así no piense que va a recibir cosa alguna del Señor; es indeciso e inconstante en todo lo que hace.

—SANTIAGO 1.5-8

Santiago no estaba fuera de la realidad de este mundo. Él se daba cuenta de lo extraño que se veía decirles a las personas que se sintieran dichosos en medio de las pruebas. Así que continuó diciendo: «Oigan, si creen que eso es algo difícil de aceptar, pídanle al Señor que se los aclare». Eso es lo que él quiere decir cuando habla de pedir sabiduría. Sabiduría es la habilidad de ver las cosas desde la perspectiva de Dios; generalmente es solo una cuestión de ver la perspectiva completa. En este caso, es el deseo final de Dios para sus hijos, la madurez espiritual.

Por mucho tiempo batallé para aceptar esta conexión entre la adversidad y el crecimiento. Podía captar la conexión mentalmente; pero era algo difícil de aceptar emocionalmente. Pensaba que todas esas platicadas acerca de cómo Dios utiliza las tragedias, las enfermedades y otras formas de infortunio para enseñar cosas a su pueblo, eran artimañas que se empleaban para cubrirlo a él.

A las personas les gusta poder explicar las cosas. Y yo supuse que esta era solo otra forma de tratar con aquellas cosas que de otra manera no pueden explicarse. Mi problema, cuando llegué a ese punto, fue la fe. Me costó trabajo aceptar que Dios estaba tan firme en eso de llevarnos a la madurez que está dispuesto a dejarnos sufrir. En su economía, la adversidad es un bajo costo que hay que pagar por los beneficios del crecimiento espiritual. Conforme estudié pasajes como los que ya he examinado, se me aclaró que la cuestión no era si la adversidad, es o no, un intercambio justo por el crecimiento espiritual. La cuestión era, tomar o no, a Dios por su palabra y si iba a empezar a ver a la adversidad desde esa perspectiva.

Pienso que mi vacilación es exactamente a lo que Santiago se refiere cuando afirma que debemos pedir «con fe». Esto es, cuando Dios revela la respuesta, debemos aceptarla, sin rebatirla y ni siquiera considerarla. Debemos tomar a Dios por su palabra y vivir por ella. Las cosas nunca se van a aclarar hasta que estemos dispuestos a hacer esto.

Es bastante extraño que no fue la adversidad que enfrenté en mi vida la que hizo que ese principio fuera tan difícil de aceptar. Podía ver rápidamente el beneficio espiritual que obtenía a través de la adversidad que venía a mi vida. Pero fui turbado por las cosas que veía que estaban enfrentando otras personas: divorcios, enfermedades serias, pérdida de amistades, de familiares y de posesiones. Veía sus circunstancias y pensaba: *Señor, ¿acaso estás poniendo atención? ¡Estas personas no merecían eso! ¿Qué estás haciendo?*

Sin embargo, una y otra vez iba a esas personas para consolarlas y veía que Dios las estaba fortaleciendo de una manera tan poderosa que el que salía animado era yo. Mujeres a las que sus maridos las habían abandonado estaban alabando a Dios por su misericordia y por su provisión. Hablé con hombres que habían perdido sus empleos pero al suceder eso volvieron a descubrir a sus familias y alababan a Dios por lo ocurrido. Nunca olvidaré a una pareja que acababa de perder todo lo que poseían en un incendio. Después que desapareció el choque inicial, empezaron a entender por qué Dios lo había permitido. Antes que pasara mucho tiempo, estaban testificando de la fidelidad de Dios y se gozaban porque podían entender mejor lo que era importante.

Una vez me encontraba en un restaurante y noté que una de las camareras tenía una cruz. Le pregunté si era cristiana. Grandes lágrimas brotaron de sus ojos. «Más vale que lo crea», me dijo. Conforme hablábamos, me contó una de las historias más tristes que haya escuchado. Sucedió solo cuatro días antes de Navidad, cuando su esposo la abandonó y se fue con otra mujer. Para empeorar las cosas, su hijo y su hija se habían puesto en contra de ella y estaban pensando pasar la Navidad con el padre y su amante, por lo que no quedaba nadie con quien pudiera compartir ese día. Pero lo que salía de sus labios no eran palabras de crítica ni de resentimiento. Al contrario, estaba alabando a Dios por el poder que tenía para sostenerla y continuó hablando de su disposición a testificarle a esa gente. Me quedé asombrado.

Historias como estas, junto con la clara enseñanza de la Palabra de Dios, finalmente me convencieron de que se podía confiar en Dios en medio de la adversidad, de que él realmente podía hacer que las cosas ayudaran a bien si es que podíamos aceptar su definición de bien y su sistema de prioridades. Me di cuenta de que Dios sabe qué cantidad de presión necesitamos cada uno de nosotros para avanzar en la vida espiritual. Fue difícil para mí dar un paso hacia atrás y ver a otros sufrir porque no estaba consciente de lo que Dios estaba haciendo en el interior de ellos. Mi perspectiva era limitada, solo evaluaba lo que estaba sucediendo en el exterior.

Echa un vistazo largo

Tratar con la adversidad es como prepararse para una operación. Al poner nuestra fe en lo que el doctor ha dicho, creemos que vamos a estar mucho mejor si se nos hace la operación. Pero eso no lo hace menos doloroso. Al someternos a las manos de un médico, estamos diciendo que nuestro objetivo final es la salud, aun a costa del dolor. La adversidad de la misma manera, es el medio para llegar a un fin; es la herramienta de Dios para que avancemos en nuestras vidas espirituales.

Quizás no puedas llegar por ti mismo al punto de adoptar tal actitud. A la luz de la adversidad que tú o un ser amado haya enfrentado, puede parecerte una píldora de azúcar, es decir, como excusa que utilizan los cristianos para que Dios no se vea mal. Si es ese el punto en el cual te encuentras en tus pensamientos, quiero que contemples la siguiente pregunta: Si la adversidad no es una herramienta en las manos de Dios, entonces ¿qué es? ¿Cuáles son las opciones que tienes?

Podrías adoptar la filosofía de algunos que dicen que Dios está peleando una batalla cósmica contra el mal. Pensando de esa manera, la adversidad surge cuando Dios pierde un asalto. Sin embargo, abrazar tal forma de religión, significa abandonar el cristianismo. No hay manera para hacer que el Dios de la Biblia encaje en ese punto de vista mundano. Los dos son mutuamente excluyentes.

Alguien podría argumentar que Dios no está interesado en nosotros; por lo tanto, no se interesa en la adversidad que enfrentamos. El problema aquí es que la interrogante sobre el amor y el interés de Dios se terminaron hace dos mil años cuando sacrificó a quien era más precioso para él por causa del hombre. La cruz disipa cualquier pregunta acerca del amor de Dios.

Es probable que alguien argumente que Dios no existe. Pero simplemente porque no se comporte de la manera *que esperamos*, no significa que no exista. Eso sería como si yo determinara la existencia de mi esposa basándome en la manera que pienso que se debería comportar una esposa.

Todo este problema de la injusticia en el mundo hacía que C.S. Lewis no acogiera el cristianismo. Él suponía, como muchos, que no podía existir la posibilidad de que hubiera un Dios bueno a la luz de la maldad que había en el mundo. En su libro, *Mero cristianismo*, describe su peregrinaje mientras trata de resolver su perpleja pregunta:

> *Mi argumento en contra de Dios es que el universo parecía cruel e injusto. Pero, ¿cómo había obtenido esta idea de justo e injusto? Un hombre no puede decir que una línea está torcida a menos que tenga idea de lo que es una línea recta. ¿Con qué estaba comparando este universo al llamarlo injusto? Si todo el panorama era malo y no tenía sentido de principio a fin, por decirlo así, ¿por qué yo, que se suponía que era parte del panorama, me encontraba con una reacción tan violenta en contra del mismo?... Claro que podría haber puesto a un lado mi idea de justicia diciendo que no era sino solamente un pensamiento propio. Pero si hacía eso, entonces también se deshacía mi argumento en contra de Dios, porque el argumento dependía de decir que el mundo era realmente injusto, no simplemente que no complacía mis concepciones personales.*

Negar la existencia de Dios basándose en la presencia de la adversidad y del dolor, es lo mismo que decir que para hacer válida su existencia debe comportarse de acuerdo a nuestros deseos. Claramente hay múltiples problemas al pensar de esa manera.

En realidad, no hay buenas alternativas cuando se trata con la pregunta de la adversidad. Ella es la herramienta de Dios para promover el crecimiento de sus hijos. Resistir este principio es oponerse a todo lo que Dios quiere hacer en tu vida; es decir no al crecimiento espiritual.

La corona de la vida

Santiago termina esta sección con una promesa interesante:

> Dichoso el que resiste la tentación porque, al salir aprobado, recibirá la corona de la vida que Dios ha prometido a quienes lo aman.
>
> SANTIAGO 1.12

La adversidad no solo nos lleva a la madurez espiritual en esta vida, sino que nos compra una corona de vida para la próxima.

Dios entiende el trauma de tener que tratar con la adversidad. Él no pasa por alto los sacrificios que se nos empuja a hacer cuando enfrentamos la adversidad. Por lo tanto, ha provisto una recompensa especial para aquellos que salen «aprobados» ante la tentación o la prueba. Una vez más enfrentamos una promesa condicional. Esta recompensa está reservada para aquellos que voluntariamente aceptaron a Cristo en sus vidas. Estos son los que entendieron que Dios tenía un propósito, que la adversidad que enfrentaron fue el medio por el cual el bien llegó a sus vidas.

¿Estás siendo constante? ¿Estás soportando? ¿O te estás resistiendo? ¿Estás enojado por lo que Dios está haciendo? Amigo, Dios quiere que avances y está utilizando la adversidad. Él te quiere hacer crecer y quiere que madures hasta el punto en que tu carácter sea un espejo de la imagen de Cristo. Esa es la meta que tiene para ti. Y la adversidad es el medio por el cual lo va a lograr. ¿Por qué no confías en él? Es en vano que te resistas. Tu tristeza solo va a aumentar, porque no hay nada peor que una vida llena de adversidad, de la cual no sale nada bueno.

¿Por qué no decirle al Señor: «Señor, no me gusta, pero por fe yo me gozo en que tú estás haciendo algo en mi vida»? Al fin verás el «bien». Empezarás a experimentar la paz. Empezarás a avanzar a través de tu adversidad.

Capítulo 6

¡Su atención, por favor!

Una vieja historia cuenta acerca de un granjero que tenía una mula en venta. Afirmaba que esa mula obedecía cualquier orden que se le diera. Un posible comprador tenía dudas de tales afirmaciones y decidió poner a prueba al granjero y a la mula. Así que le dijo a la mula: «Siéntate». Pero la mula seguía parada. «Siéntate», gritó el cliente, pero no sucedió nada. De modo que se volvió al granjero y le dijo: «Usted afirma que esta mula hace cualquier cosa que se le ordene, pero no puedo hacer que se siente». El granjero sonrió. Alcanzó un trozo de madera, caminó hacia la mula y la golpeó en la cabeza. «Siéntate», le dijo. Y la mula se sentó. Volviéndose al sorprendido cliente, le dijo: «Primeramente, tiene que captar su atención».

Temo que algunos seamos como esa mula. Una de las razones por las cuales Dios permite que la adversidad llegue a nuestras vidas es para captar nuestra atención. Quedamos atrapados tan fácilmente en nuestras propias actividades que perdemos de vista a Dios. Nos enfocamos en nuestras metas, carreras, familias y en otros intereses personales, a la vez que menospreciamos darle a Dios la prioridad máxima en nuestras vidas. El resultado es que perdemos nuestra sensibilidad espiritual. El proceso para llegar a ser insensible espiritualmente no es algo de lo que estemos completamente conscientes; se filtra dentro de nosotros sutilmente. Para mí, es cuestión de sobrecargar mi agenda y de ocuparme demasiado en mis cosas. Cualquiera que sea el caso, Dios sabe muy bien cuando estamos demasiado preocupados con nosotros mismos y en nuestros intereses. Él sabe cuándo es el momento de planear una interrupción para captar nuestra atención.

¿No hay otra forma?

De inmediato surge la pregunta: ¿No hay otra manera de que capte nuestra atención? ¿Por fuerza tiene que ser algo doloroso o trágico? En teoría, la respuesta es no. Ciertamente hay otros medios para captar nuestra atención además de la adversidad. Pero piensa en eso por un momento. ¿Cuántos sermones has escuchado, consciente de que lo que el predicador está hablando se aplica a ti y luego no haces nada al respecto? ¿Cuántas veces has escuchado un testimonio que te impacta y te enciende el deseo de vivir con unas normas más altas? Pero nuevamente, apenas sales del santuario, un interés terrenal inunda tu mente y barre con todos tus planes e tus intenciones.

A menudo, requiere más que un sermón para captar nuestra atención. Ni siquiera es suficiente que haya una convicción sincera. Por lo general se requiere un impacto de cierta clase para que cambiemos. C. S. Lewis, en su maravilloso libro *El problema del dolor* lo pone de la siguiente manera:

> *Dios nos susurra en nuestros placeres, nos habla en nuestra conciencia, pero nos grita en nuestros dolores: Estos son el megáfono de él para despertar a un mundo sordo.*

Cuando las cosas salen como queremos, suele ser difícil que dirijamos nuestros pensamientos hacia Dios. Todos sabemos que deberíamos hacer eso; pero se convierte en una carga. Cuando todo está bien, tendemos con facilidad a asumir un estado de confianza y de superioridad. Nuestras oraciones se vuelven inánimes. La Palabra de Dios empieza a sonar desagradable a los oídos complacientes. Y para empeorar las cosas, empezamos a confundir nuestro bienestar con lo espiritual. *Como no pasa nada malo, erró-neamente asumimos que todo está bien.*

Cualquiera que haya trabajado en el área de evangelismo sabe de lo que estoy hablando. Es casi imposible, para un incrédulo que carece de problemas que lo presionen, que sienta la necesidad de un Salvador. Cuando todo está marchando bien, ¿por qué echarlo a perder pensando en Dios? ¿Por qué hay que pensar en la muerte? Inclusive, ¿por qué hay que preocuparse por el mañana?

Pero mira al mismo hombre o mujer después que experimen-tan la adversidad y te encontrarás con una actitud completamente diferente. Lo que era de poco interés, ahora se ha convertido en el único interés. Lo que anteriormente era de gran importancia, ya no atrae más. De pronto, Dios tiene toda la atención.

Hace poco mi hijo, Andy, fue invitado a una reunión de los Drogadictos Anónimos (DA) en la que le entregarían un reco-nocimiento a un amigo suyo que había estado luchando contra la adicción a las drogas por muchos años. Su comentario posterior atrajo mi atención. Él dijo: «No hay un ateo en DA». Uno de los fundamentos principales sobre los cuales se basan los Alcohólicos Anónimos (AA), los Narcóticos Anónimos (NA) y los DA es que los adictos necesitan ayuda de una fuerza superior si quieren ser libres del alcohol y de las drogas.

Esos grupos les permiten a sus miembros descubrir, o definir por ellos mismos, qué o quién es esa fuerza superior.

Algunos confesaron que no tenían nada o muy poco tiem-po para Dios antes que enfrentaran la adicción. Una vez que la afrontaron sin embargo, Dios —o «la fuerza superior»—, tomó un papel significativo en sus vidas. Todos reconocieron que nece-sitaban ayuda.

Tal es el poder de la adversidad, que pone de rodillas al más fuerte y al más terco de nosotros. Hace que aflojemos nuestros lazos con aquellas cosas que son de poco valor y que nos aferremos fuertemente a aquel que sabemos que nos puede liberar.

Cegados por la luz

Una de las mejores ilustraciones de este principio es lo que le sucedió al apóstol Pablo. Él estaba completamente entregado a hacer lo que pensaba que era correcto: borrar la existencia de la iglesia. Había oído predicar acerca de Jesús en varias ocasiones. No hay duda de que había visto las señales realizadas por los seguidores de Cristo. Pero eso no había captado su atención. Presenció el asesinato de Esteban. Permaneció allí y vio cuando Esteban oraba por aquellos que lo apedreaban. Es muy probable que él haya sido uno de aquellos que notaron aquel fulgor angelical en el rostro de Esteban (ver Hechos 6.15), pero ni siquiera eso fue suficiente para captar la atención de Pablo.

En el capítulo nueve de Hechos, Lucas registra el incidente que al fin atrajo la atención de Pablo, que en aquel tiempo aún era llamado Saulo de Tarso. Él iba de camino a Damasco para buscar y arrestar a cualquier hombre o mujer que fuera seguidor de Cristo o «del Camino», como se referían a los cristianos en ese entonces. No era un trabajo que tomaba a la ligera. Lucas nos informa que Saulo estaba «respirando aún amenazas de muerte contra los discípulos del Señor» (Hechos 9.1). Pablo estaba tan entregado a esa labor que es descrito como uno de aquellos cuyo aliento era una amenaza de destrucción. Era consumido por sus metas.

En su camino a Damasco, sin embargo, Dios captó su atención. Lucas lo registra de la siguiente manera:

En el viaje sucedió que, al acercarse a Damasco, una luz del cielo relampagueó de repente a su alrededor. Él cayó al suelo y oyó una voz que le decía:

—Saulo, Saulo, ¿por qué me persigues?

—¿Quién eres, Señor? —preguntó.

—Yo soy Jesús, a quien tú persigues —le contestó la voz—. Levántate y entra en la ciudad, que allí se te dirá lo que tienes que hacer.

Saulo se levantó del suelo, pero cuando abrió los ojos no podía ver, así que lo tomaron de la mano y lo llevaron a Damasco.

—Hechos 9.3-6, 8

En un momento no anticipado, Dios atrajo la total atención de Saulo al ser echado al suelo por una luz cegadora, humillándolo ante sus compañeros de viaje. Imagínense los pensamientos que pasaron por su mente según se hizo evidente la realidad de su condición. ¡Estaba ciego! Imagínense a este hombre prominente y prestigioso postrado en tierra tocándose los ojos para cerciorase de que los tenía abiertos. No hay duda de que Saulo pensó que se había quedado ciego permanentemente, pensamiento que lo debió paralizar de miedo.

Dios tenía a Saulo exactamente en donde quería. Y Saulo estaba más que listo para escuchar. «¿Por qué me persigues?», le preguntó el Señor. Pablo no había pensado qué era lo que estaba haciendo desde esa perspectiva. Nunca se imaginó que estaba persiguiendo a Jesús; ¡Jesús estaba muerto! ¿O acaso no lo estaba? Cuando la verdad se reveló, Saulo se dio cuenta de su error. Varios días después estaba proclamando a Jesús en las sinagogas:

En seguida se dedicó a predicar en las sinagogas, afirmando que Jesús es el Hijo de Dios.

—Hechos 9.20

Cuando escuchamos o leemos una historia como esa, es fácil ver el valor de la adversidad. Si fue necesario que Pablo estuviera temporalmente ciego y fuera humillado para captar su atención, realmente valió la pena; porque a través de él, el evangelio fue predicado y se establecieron iglesias a través del mundo romano de esa época. Pablo fue el primero que tomó en serio la Gran Comisión. Fue el primero que se dio cuenta de que el evangelio debía ser predicado a los gentiles al igual que a los judíos. Cuando reflexionamos en todo lo que logró, entendemos por qué Dios empleó la aflicción para captar la atención del apóstol.

Un vistazo al futuro

Pero, ¿y qué contigo? ¿Qué podría hacer Dios a través de ti si tuviera tu atención y tu lealtad? Olvidamos que cuando Dios ve nuestras vidas, conoce no solo nuestro pasado, sino también nuestro potencial para el futuro. Él sabe qué puede lograr con nuestros dones y nuestros talentos si somos completamente suyos. Dios está consciente de las personas que observan nuestras vidas y que juzgan los méritos del cristianismo por la coherencia de nuestro forma de ser. Él ve aquella alma perdida con la que tendremos oportunidad de hablar, si estamos bien espiritualmente en el momento del encuentro. Él sabe quiénes entre nosotros pueden ser grandes predicadores, escritores o maestros. Sabe lo que puede suceder a través de nosotros si estamos dispuestos a cumplir sus propósitos. Y desde la perspectiva de la eternidad, cualquier cosa que se requiera para captar nuestra atención, valdrá la pena.

Me acordé del Señor

La ilustración más obvia de este principio en las Escrituras es la historia de Jonás. A diferencia de Pablo, que ignoraba la verdad, Jonás la conocía muy bien, pero decidió huir de ella. Es probable que la mayoría nos identifiquemos más con Jonás que con Pablo. Es muy raro que ignoremos lo que Dios quiere para nosotros. No sufrimos por falta de información. Lo que nos hace falta es tener la disposición a obedecer. Cuando Dios utiliza la adversidad para llamar mi atención, rara vez es con el propósito de decirme algo nuevo. Por lo general, es para recordarme algo, ya sea porque lo he olvidado o que a propósito he decidido ignorarlo.

En el caso de Jonás, Dios empleó la adversidad para volver a dirigir su atención hacia la misión que le había asignado al principio. Mientras Jonás estaba en el vientre del pez —luchando por su vida— ¡se acordó! y dijo:

> Al sentir que se me iba la vida,
> me acordé del Señor,
> y mi oración llegó hasta ti,
> hasta tu santo templo.
>
> —Jonás 2.7

¡Apuesto a que lo hizo! Y continuó diciendo:

> Los que siguen a ídolos vanos
> abandonan el amor de Dios.
> Yo, en cambio, te ofreceré sacrificios
> y cánticos de gratitud.
> Cumpliré las promesas que te hice.
> ¡La salvación viene del Señor!
>
> —Jonás 2.8-9

Para no decir más, Jonás rededicó su vida al Señor, ¿por qué? ¿Porque sintió compasión por la gente perdida de Nínive? No. Es más, se molestó cuando se arrepintieron. Jonás decidió obedecer a Dios porque en el vientre del pez se le dio una buena dosis de la realidad. Puesto de una manera simple, ¡Dios tiene el control! Esa es una razón bastante buena para obedecer.

Esta semana recibí una carta de un viejo amigo. Su historia es una de las muchas que he oído a lo largo de mi ministerio. A los diecisiete años sintió el llamado a predicar. Se resistió y luchó contra ese llamado durante la universidad y mientras completaba su doctorado. Su lucha finalmente lo alejó del Señor por completo. En el lapso en que se apartó de la voluntad de Dios escogió a su esposa y a su carrera. Con el tiempo perdió ambas cosas. Ahora, casi veinticinco años después, está listo para servir al Señor. Creo que Dios va a utilizar a ese hombre de la misma manera que lo ha hecho con otros que tienen historias similares. Pero no fue sino hasta que Dios tomó todo lo que el hombre valoraba que captó su atención.

Para algunos, todas estas nociones pueden parecer injustas y crueles. Y para ser sincero, en medio de las situaciones en las que Dios estaba trabajando para ganar mi atención y que no la tuviera dividida, yo también tuve mis dudas. Pero *nosotros* somos los injustos, si es que en algún momento le colocamos a Dios la etiqueta diciendo que él es el cruel. Nuestra terquedad y nuestra insensibilidad hacia su Espíritu lo hacen recurrir a aquellas cosas que nos parecen no muy placenteras. Nuestras preocupaciones y nuestras obsesiones por las cosas de este mundo disminuyen nuestra sensibilidad espiritual. Si somos realmente sinceros, *no le damos a Dios otra alternativa.*

Si estás enfrentando algún tipo de adversidad, puede que Dios esté tratando de captar tu atención. Quizás quiera que te des cuenta de un pecado específico. Es posible que esté en el proceso de quitarte el afecto por las cosas del mundo. Pudiera ser que estés a punto de cometer un error muy grande; posiblemente Dios quiera mejorar su relación contigo durante ese tiempo en que tienes que tomar decisiones. Cualesquiera que sean las circunstancias, descansa en la seguridad de que Dios no hace nada sin tener un propósito en mente. Si has permitido que la adversidad entre en tu vida, ¡es que Dios tiene preparado algo emocionante para ti!

Capítulo 7

Un recordatorio poco agradable

Fue un sábado cerca de las cinco de la tarde cuando escuché que se cerraba la puerta. Por el sonido de los pasos sabía que era mi hijo. Él tenía siete años en ese tiempo. Dejé mi pluma y fui a su habitación. Esperé un momento afuera para ordenar mis pensamientos. Esa era la parte poco agradable de ser padre: disciplinar a los hijos. Temía en cierta medida que, al imponer disciplina, en algún momento se pudiese volver en contra mía. Pero esos pensamientos siempre eran opacados por el temor de que mis hijos crecieran pensando que se podían salir con la suya y que creyeran que no había ninguna consecuencia por el pecado.

Cuando entré en la habitación de Andy, respondió de la manera que lo hacía siempre: «Espera, quiero decir algo». Era un pretexto. Él y yo lo sabíamos, pero era una rutina inevitable por la cual teníamos que pasar cada vez que se metía en problemas. Si no me hubiera lastimado tanto su desobediencia, estoy seguro que habría visto todo como si fuera algo cómico.

Allí estaba yo en la entrada, preparado para darle de nalgadas, y él viendo para todos lados buscando la manera de escaparse. Hablaba tan de prisa como podía: «Espera papá, solo quiero decirte algo». En esa ocasión lo inevitable estaba por ocurrir. «¿Qué te gustaría decir?», le preguntaba siempre. Y conforme empezaban a llenársele los ojos de lágrimas, exclamaba: «¡No me pegues!».

Hay una segunda manera a través de la cual Dios utiliza la adversidad en nuestras vidas: para recordarnos su gran amor. Él la emplea como un medio para disciplinar. De la misma forma que vemos el dolor utilizado para disciplinar en el contexto de las relaciones humanas, puedes pensar que debiéramos aceptar inmediatamente este principio en el contexto de nuestras vidas espirituales también. A través de los años, sin embargo, he visto que este es un concepto difícil de aceptar para muchas personas. No podemos imaginar a un Dios de amor infligiendo dolor a sus hijos. En sus mentes, los conceptos de amor y dolor parecen ser completamente opuestos.

Pero en la economía de Dios, los dos van de la mano, de la misma manera que en las relaciones humanas. El escritor de hebreos habla sobre esta relación:

> Y ya han olvidado por completo las palabras de aliento que como a hijos se les dirige: «Hijo mío, no tomes a la ligera la disciplina del Señor ni te desanimes cuando te reprenda, porque el Señor disciplina a los que ama, y azota a todo el que recibe como hijo».
>
> —Hebreos 12.5-6

No hay ningún conflicto en la mente mío cuando tiene que conciliar el dolor y el amor. El amor incluye la posibilidad del dolor. Noten que dice: «Y azota a todo el que recibe como hijo». Si pensamos que este es un lenguaje fuerte para nuestros días, solo podemos imaginarnos la respuesta que tal declaración debió haber levantado en el primer siglo.

Implicar que Dios «azota» a aquellos a quienes ama debió haber llenado de escalofríos a los miembros de la primera iglesia. Un azote era un látigo de piel o una vara utilizada para disciplinar a los esclavos o a los criminales. Los romanos comúnmente utilizaban el azote que se pesaba por las piezas de hueso o de metal que poseía. Esa forma de castigo era tan severa, que era contra la ley castigar a los ciudadanos romanos con tal azote. No era poco común que las personas murieran debido a esos golpes.

A pesar de las imágenes que este término debió haber hecho evocar, el autor del libro de los Hebreos sintió libertad para utilizarlo cuando se refirió a la disciplina del Señor. Eso debe pensarse muy seriamente antes de hacerse. Aquí no estamos hablando de golpes leves, sino de golpes en serio.

El autor de Hebreos conocía bastante bien nuestra tendencia a no tomar tan seriamente como debiéramos la disciplina del Señor. Así que nos advierte: «No tomes a la ligera la disciplina del Señor». En otras palabras, el potencial de la severidad de la disciplina del Señor debería mantenernos dentro de la línea correcta. Una de las razones por las cuales caemos tan fácilmente en el pecado es porque nos olvidamos que Dios nos va a disciplinar cuando nos salgamos del aro. Hemos olvidado que su conocimiento completo del pecado con sus consecuencias destructivas, lo llevan a tomar medidas drásticas con nosotros. Aun cuando detesta emplear la adversidad para recordarnos que debemos vivir de manera piadosa, el hecho es que la va a utilizar si sabe que es necesaria.

¿Hasta dónde?

La pregunta que se me ocurre cuando pienso en esta sorprendente doctrina es: «¿Hasta dónde está dispuesto a llegar el Señor?». ¿Cuánto dolor se atreverá a causarnos? ¿Tiene algún límite la adversidad que nos envía? Él cegó a Pablo. Llevó a Jonás a punto de perder la vida. Creo que la respuesta es: *Dios va a hacer tanto como se necesite.* Aun cuando no le agrada el dolor, menos le gusta el pecado. Aun cuando desprecie el sufrimiento, nos ama mucho más a nosotros.

Para aquellos que no hacemos caso a su advertencia sobre la disciplina, el escritor ofrece un consejo más: «Ni te desanimes cuando te reprenda». La implicación aquí es que cuando estamos pasando por la disciplina de Dios, vamos a tener la tendencia a desanimarnos. Vamos a estar peligrosamente sensibles a las sugerencias de otras personas que pondrán dudas a la bondad y a la justicia de Dios. Si no somos cuidadosos, vamos a interpretar la disciplina de Dios como lo opuesto de lo que realmente es. Nos vamos a olvidar de que Dios nos trata como a hijos e hijas. En lugar de esperar la disciplina de parte de nuestro Padre celestial, esta nos va tomar por sorpresa. Interpretamos mal este acto de amor supremo. Vemos como una amenaza lo que se intentó para nuestro bien. Pero, en realidad, la disciplina de Dios es una señal de que le pertenecemos. Sirve como garantía de que nuestra relación con Dios es como de Padre e hijo. Por eso el escritor dice:

> Lo que soportan es para su disciplina, pues Dios los está tratando como a hijos. ¿Qué hijo hay a quien el padre no disciplina? Si a ustedes se les deja sin la disciplina que todos reciben, entonces son bastardos y no hijos legítimos.
>
> —Hebreos 12.7-8

Podemos soportar el dolor de la disciplina si recordamos que Dios nos va a tratar como a hijos. Olvidarnos de ello es arriesgarnos a perder las esperanzas, a desanimarnos o a darnos completamente por vencidos.

Cuestión de respeto

Ahora que mis hijos han crecido, me doy cuenta más que nunca de la importancia de la disciplina. El temor que tenía en aquellos primeros días realmente era infundado. Al contrario, ahora no tengo ninguna duda de que mi disciplina preparó el camino para que tengamos la relación armoniosa de la cual gozamos hoy. La disciplina desarrolla respeto; profundiza las relaciones. Y eso también es cierto en cuanto a nuestra relación con Dios.

Después de todo, aunque nuestros padres humanos nos disciplinaban, los respetábamos. ¿No hemos de someternos, con mayor razón, al Padre de los espíritus, para que vivamos? En efecto, nuestros padres nos disciplinaban por un breve tiempo, como mejor les parecía; pero Dios lo hace para nuestro bien, a fin de que participemos de su santidad.

—Hebreos 12.9-10

Si podemos entender el valor de la disciplina en el contexto de un padre terrenal con sus hijos, ciertamente podemos apreciar hasta cierto grado el inmenso valor de un Padre celestial que se toma el tiempo para disciplinar a sus hijos. Todos conocemos hijos que han tenido poca o ninguna disciplina. No solo es poco agradable estar cerca de ellos, sino que su comportamiento casi siempre se inclina hacia aquellas cosas que son destructivas.

He notado en los jóvenes de nuestra iglesia que los adolescentes que tienen inclinaciones al tabaco, a las drogas y al alcohol, por lo general, son aquellos que provienen de hogares en los que hay poca disciplina. *En donde haya una deficiencia en el área de la disciplina, se está propenso a un comportamiento destructivo.* No estoy seguro de entender completamente la relación entre ambas cosas, pero he visto este patrón lo suficiente como para saber que existe una relación.

Dios también está consciente de esa relación. Él sabe que a menos que nos discipline, es probable que le permitamos al pecado que tome un curso destructivo (ver Santiago 1.15). Él está consciente de las consecuencias finales del pecado cuando se le permite pasar sin obstáculos. El amor que siente por nosotros no le permite quedarse inmóvil y observar que nuestras vidas se están destruyendo; por eso interviene con la disciplina.

¡Ay!

Todo padre conoce el dolor y la pena que da cometer el error de ser demasiado severo con su disciplina. O, aun peor, haber disciplinado a un hijo que no tenía culpa de nada. Sin embargo, aun con la posibilidad de repetir esos desatinos, un buen padre mantiene la rutina de la disciplina, puesto que la importancia de la disciplina vale el riesgo de errar ocasionalmente.

Si creemos que cualquier padre terrenal debe continuar disciplinando a sus hijos, sabiendo que de vez en cuando esa disciplina va a ser injustificada o va a ser administrada de manera incorrecta, cuanto más deberíamos apoyar a un Padre perfecto, omnipotente y celestial que disciplina a sus hijos. Si respetamos a nuestros padres terrenales e imperfectos cuando nos disciplinan, ¿cuánto más deberíamos respetar a nuestro Padre celestial? Aunque nuestros padres terrenales nos disciplinan de acuerdo a lo que saben, podemos estar seguros de que nuestro Padre celestial va a estar perfectamente consciente de nuestras necesidades individuales.

Comparte su santidad

Hay otra diferencia principal entre la disciplina de nuestros padres y la de Dios. Tiene que ver con el propósito. A menudo, las razones principales por las que fuimos disciplinados por nuestros padres fueron para que nos «comportáramos» o para que fuéramos «buenos». Otras veces, sus razones fueron egoístas; sencillamente no querían quedar mal. Nuestro Padre celestial tiene un plan diferente. El escritor de Hebreos lo redacta de la siguiente manera:

> En efecto, nuestros padres nos disciplinaban por un breve tiempo, como mejor les parecía; pero Dios lo hace para nuestro bien, a fin de que participemos de su santidad. Ciertamente, ninguna disciplina, en el momento de recibirla, parece agradable, sino más bien penosa; sin embargo, después produce una cosecha de justicia y paz para quienes han sido entrenados por ella.
>
> —Hebreos 12.10-11

El objetivo de Dios al disciplinarnos no es simplemente para que sepamos comportarnos. Su propósito es hacernos santos, llevarnos a ser como su Hijo. Quiere que sintamos el mismo odio por el pecado que él, un odio que va a hacer que nos separemos no solo de la práctica del mal, sino también de la mera apariencia del mismo. A través de este proceso, nuestro carácter será bien afinado para reflejar el carácter de Dios mismo. Dios conoce nuestro interior, él es capaz de diseñar nuestra disciplina de tal manera que pueda llevar a cabo eso mismo.

Sepárenlo

Cuando me paré en la entrada de la habitación de mi hijo, listo para castigarlo, no había duda en su mente de lo que iba a acontecer. Tampoco había duda de por qué iba a suceder aquello. Siempre traté de administrar disciplina tan pronto como se cometía la falta. La disciplina del Señor no siempre es tan evidente como la humana. Como resultado, hay una gran confusión en esta área. El Señor no se nos aparece por la noche para decirnos por qué y cómo vamos a ser disciplinados. De hecho, a veces parece que no se ha dado cuenta de nuestro pecado pues ¡no sucede nada! Por el otro lado, tan pronto como les sucede algo malo a los creyentes, de inmediato empiezan a examinarse para ver si descubren algún pecado que no han confesado. Conforme cierro este capítulo, quiero darles algunas guías que les ayudarán a identificar la adversidad que proviene de Dios como forma de disciplina.

1. Dios quiere que sepamos cuando nos está disciplinando.

No nos hace ningún bien si estamos siendo disciplinados y permanecemos inconscientes de lo que sucede. ¿Qué bien le haría a un niño que le den nalgadas sin decirle por qué se la dan? ¿Podría realmente esperarse que el niño cambie su comportamiento si no se le informa cuál es la causa de la disciplina? Por supuesto que no. De la misma manera, Dios sabe que para que la disciplina alcance el fin deseado, se nos debe informar.

2. La disciplina en la que incurrimos está ligada de alguna manera al pecado que cometemos. Este punto está relacionado con el principio de la siembra y la cosecha. Pablo escribió:

Cada uno *cosecha* lo que *siembra*.

—Gálatas 6.7, énfasis mío.

Observa las palabras que resaltan. Hay una aparente relación entre lo que una persona hace y las consecuencias que le siguen. Cuando nuestros hijos llegaban después de la hora que les habíamos señalado, Anna y yo los castigábamos asignando una hora de regreso más temprana en la siguiente ocasión. Si abusaban del privilegio de ver televisión, lo perdían por cierto tiempo. La disciplina es más eficaz cuando hay una relación obvia entre la ofensa y el resultado.

Algunas mujeres cristianas no pueden tener hijos puesto que abusaron de sus cuerpos con el uso de las drogas y del alcohol o por tener un estilo de vida inmoral con diferentes parejas cuando eran más jóvenes. Esa es la disciplina de Dios. Algunos hombres y mujeres cristianos han sido sorprendidos en adulterio, por lo que han perdido sus familias y sus carreras como resultado. Eso, también, es disciplina del Señor. Cuando a un hombre de negocios se le sorprende robando dinero en la empresa, la consecuencia es que pierde su trabajo y su reputación; esa es la disciplina del Señor.

Jonás trató de huir del Señor y este lo detuvo. Israel no fue fiel a Dios en la tierra que le dio. David destruyó la familia de Betsabé con su traición y su adulterio. Dios destruyó su familia con la traición de su hijo, Absalón.

**3. *La insensibilidad espiritual puede dañar la habilidad del
creyente para ver que Dios está administrando disciplina.***
Hablo todo el tiempo con personas que están enojadas con
Dios por la adversidad que ha permitido que llegue a sus vidas.
Conforme hablamos, descubro que no han estado andando con
Dios. Están metidos en toda clase de pecados. Y, aun así, no pue-
den ver la conexión. Esas personas vienen a mí esperando que
pueda oprimir un «botón mágico» que los libere de su dolor.

Dios no va a soltar al creyente hasta que haya terminado lo que
se propuso. Si un hombre o una mujer se niegan a rendirse, Dios
simplemente va a aumentar la presión. Recuerden que el objetivo
final de Dios para nosotros no es la tranquilidad, la comodidad,
ni el placer, sino conformarnos a la imagen de su Hijo. Y está dispuesto a avanzar hasta terminar con su propósito.

El escritor de la carta a los Hebreos lo resumió bien cuando
escribió:

> Ciertamente, ninguna disciplina, en el momento de reci-
> birla, parece agradable, sino más bien penosa; sin embargo,
> después produce una cosecha de justicia y paz para quienes
> han sido entrenados por ella.
>
> HEBREOS 12.11

Afirmar que la disciplina «parece ... penosa» es ponerlo de
una manera suave. La disciplina es algo que despreciamos siempre. Como mi hijo cuando tenía siete años, todos buscamos a donde correr, una excusa que nos ayude a resolver. A nadie le gusta
ser disciplinado. Sin embargo, aquellos que la hemos soportado
sabemos que el fruto que produce y el dolor del cual nos librará al
final hacen que esa agonía valga la pena.

¿Estás experimentando la disciplina de Dios? ¿Estás sufriendo las consecuencias del pecado? ¿Dónde estarías hoy si Dios te
hubiera permitido que siguieras con tu rebelión y tu desobediencia?

Cuando observas a tu alrededor y ves a otros que «se han salido con la suya» en cuanto a sus pecados, ¿realmente los envidias? ¿O puedes entender que el amor que Dios tiene por ti fue lo que lo llevó a detenerte y hacer que te volvieras a él?

Es cierto que «ninguna disciplina, en el momento de recibirla, parece agradable, sino más bien penosa». Pero si dejas que continúe y que Dios termine su obra, vas a recibir la «cosecha de justicia y paz» que ha prometido a los que ama.

Capítulo 8

Un autoexamen

Linda notó que el piso de su habitación crujía cuando caminaba por cierta área. Durante las primeras semanas trató de ignorar el ruido. Su apartamento era nuevo, por lo que asumió que el ruido era solo el resultado de cierto arreglo. Según pasaron las semanas, sin embargo, el ruido fue empeorando. Finalmente llamó al constructor para que fuera a echarle un vistazo. El constructor no parecía estar muy interesado en el asunto. «Todo edificio nuevo tiene sus ruidos», le aseguró. Pero para cerciorarse, quitó la alfombra e hizo un hoyo en el suelo para inspeccionar de cerca. Para su sorpresa, descubrió que los soportes diseñados para unir al suelo con la pared de apoyo, habían sido seccionados un poco cortos. Escasamente tenían el largo necesario para servir de puntal y no se había hecho nada para asegurar los tirantes del suelo al soporte.

El ruido que Linda había estado escuchando era el sonido que producían los tirantes que se corrían lentamente hacia la orilla de los soportes. Si el problema no se hubiera descubierto, tarde o temprano el piso se habría hundido. Así que enviaron una cuadrilla que empezó a trabajar de inmediato para remediar la situación. Nuevamente, para asegurarse, el constructor mandó inspeccionar cada uno de los condominios y encontraron el mismo problema en otros tres de ellos. De no haber sido por el ruido en el piso que le disgustaba a Linda, nunca se habría descubierto el error del constructor. El ruido en el piso la alertó para evitar una posible desgracia.

Observa debajo de la superficie

A menudo, Dios va a permitir que haya ruidos en nuestras vidas que nos incomoden; circunstancias o personas que realmente nos molesten. Pero como en el caso de Linda, esta es una de las formas que Dios utiliza para que volvamos nuestra atención a situaciones que no consideramos y que pueden ser peligrosas. A través de ellas, somos forzados a hacer un serio autoexamen. Este es el tercer propósito por el cual Dios permite que el creyente experimente la adversidad.

En el capítulo seis discutimos que Dios envía la adversidad para captar nuestra atención y para que esta no esté dividida. Hay una mezcla entre ese principio y el que vamos a discutir en este capítulo. La diferencia principal es que, en este caso, no estamos hablando de un creyente que se ha vuelto insensible —espiritualmente hablando— o uno que está huyendo de Dios. Este principio se aplica a aquellos que están decididos a hacer la voluntad de Dios. Esto presupone un deseo de crecer. En el capítulo seis nos enfocamos en creyentes que estaban conscientes de su pecado o de su rebelión, pero no estaban dispuestos a hacer nada al respecto. El principio que estaremos examinando en este capítulo va un paso más allá.

Paso tras paso

El crecimiento espiritual es muy parecido al que experimentamos en lo físico. Presenta etapas de desarrollo. Cada una de estas trae nuevas expectativas y una libertad mayor. Nadie esperaría que un recién nacido hable. Sin embargo, estaríamos muy preocupados al ver a un niño de doce años que aún esté gateando. No pensamos que sea menos un niño de dos años porque no sabe leer. Pero esperamos que los adultos hayan desarrollado alguna habilidad en esta área.

El crecimiento espiritual ocurre de la misma manera. Las expectativas que Dios tiene con los nuevos cristianos, son diferentes a las que tiene con aquellos que son cristianos hace mucho tiempo. No entiendan mal lo que estoy diciendo. La moral de Dios es la misma para todos los creyentes. A lo que me estoy refiriendo aquí es a cosas como el desarrollo del carácter, el discernimiento, la rendición de los derechos y de las posesiones, etc. Estas son áreas de la vida espiritual que van a tomar toda una existencia desarrollarlas. La naturaleza demuestra claramente que las cosas que son más fuertes crecen lentamente. Solo la mala hierba y los hongos venenosos crecen con rapidez.

Cuando una persona se hace cristiana asume el compromiso de trabajar en algunos aspectos casi de inmediato, por ejemplo: cómo tratar a las antiguas amistades, cómo explicar a los miembros de la familia lo que les ha acontecido, entre otros aspectos. Generalmente también son desafiados a tratar con ciertos hábitos pecaminosos. En su mayoría, estas cosas son obvias, no se necesita pensar demasiado para poder señalarlas.

Conforme pasa el tiempo y se han resuelto las cosas que están en la superficie, Dios ve que es necesario empezar a trabajar en aquellos asuntos que no son tan claros. Él no se satisface con solo llamarnos a trabajar en cuanto a nuestras desobediencias. Él quiere llegar a la raíz: al orgullo, al prejuicio, al egoísmo, al materialismo. La lista sigue e incluye la ira, la amargura, los celos, el rencor, el espíritu de crítica; las cosas tan sutiles que surgen en nuestras conversaciones, nuestras palabras «suaves» y nuestro «humor». Junto con todo eso, él desea sanar aquellas heridas emocionales que llevamos con nosotros, cosas como el temor o las inseguridades que son resultado de hechos que han acontecido en el pasado. Él quiere eliminar nuestras actitudes equivocadas. Quiere que nos demos cuenta de las cosas incorrectas que se nos enseñaron cuando éramos niños, aquellas que nos han hecho interpretar mal las acciones de los demás. Dios quiere que corrijamos los pensamientos que tenemos acerca de nosotros mismos así como la manera en que lo percibimos a él. Estas son cuestiones con las cuales no se trata simplemente confesando pecados. Requiere mucho más que eso.

Seamos más conscientes

Casi nunca estamos conscientes de que esos problemas existen. Por eso, Dios considera correcto que suframos algo de adversidad, de modo que nos motivemos a autoevaluarnos. Los vientos de la adversidad remueven las cuestiones superficiales y nos inducen a tratar con las cosas que están a un nivel más profundo. Dios puede trabajar con un conflicto que haya entre tú y un amigo. Él puede utilizar a tu cónyuge. Puede utilizar las finanzas o aun a uno de tus hijos.

Dios sabe cómo llamar tu atención. Y al fin, vamos a estar conscientes de los ruidos que molestan nuestras vidas. Las cosas dejan de ser agradables; la vida ya no es tan fácil como antes. Cuando la estructura de la vida empieza a deshacerse, puede que sea la manera en que Dios nos está diciendo:

«Es el momento de dar una mirada profunda al interior. Es tiempo de que descubras qué es lo que te mueve y las causas por las cuales reaccionas de la manera en que lo haces».

Eso nunca es divertido. No es el tipo de crecimiento espiritual que anhelamos ni por el cual estamos orando. Pero en el transcurso de ese autoexamen, hacemos nuestros mejores avances en nuestra relación con Dios y con los demás. En esos períodos de reflexión, Dios es capaz de llegar a la causa de la mayoría de nuestras incongruencias y caprichos. Durante ese tiempo, nos vemos como realmente somos y no por lo que pretendemos ser. Si le permitimos a Dios que revele todo lo que él desea revelar, va a dar como resultado un cambio permanente.

¡Examínense a sí mismos!

El apóstol Pablo mandó a los miembros de la iglesia de Corinto a que se examinaran a sí mismos. Estaban experimentando un aumento considerable de enfermedades y de mortalidad en su congregación. Pablo dejó en claro que tal adversidad, había sido enviada para revelar algo acerca del carácter de aquellos que pertenecían a la iglesia de Corinto. Hacían divisiones, eran glotones y no respetaban la mesa del Señor (ver 1 Corintios 11.19-30). Para captar su atención, Dios empezó a disciplinarlos con enfermedades ¡y aun con la misma muerte! Pablo respondió diciendo:

> Así que cada uno debe examinarse a sí mismo.
>
> —1 Corintios 11.28

En otras palabras: «Escudriñen su interior y descubran que es lo que los está llevando a tener un comportamiento tan irrespetuoso». Dios no iba a permitir que siguiera tal confusión, así que les envió una aflicción física para regresarlos al camino correcto.

Dios no quiere que los elementos antiguos de nuestro pasado se queden en nuestras vidas y nos deterioren. Somos templos del Espíritu Santo. Dios quiere que seamos vasos limpios y útiles. No hay razón para permitir que la basura del pasado permanezca en nuestras vidas por años. Como él sabe que somos capaces de tratar con esas circunstancias, se mueve para captar nuestra atención; y aun cuando parezca doloroso, desde la perspectiva de Dios siempre vale la pena.

El señor correcto

Estaba hablando con una joven de nuestro grupo de solteros a quien su novio acababa de dejar. Sharla estaba segura de que Ben era «el hombre» para ella. Había estado orando porque Dios le diera lo mejor desde que estaba en la escuela secundaria y por algún tiempo consideró que él era la respuesta a sus oraciones. Habían hablado de matrimonio e incluso habían visto los anillos. Entonces, inesperadamente él terminó la relación. Conforme hablábamos, me sentí con libertad para ahondar un poco. Le hice muchas preguntas sobre su relación. Entre más hablábamos, se volvía más transparente. Finalmente aceptó que ella había sido la agresiva en la relación. Había estado presionando a Ben hasta que ya no la soportó. Eso fue algo doloroso de admitir para Sharla. Pero con lágrimas en sus ojos reconoció que había sido la culpable de que la relación terminara.

Las cosas iban bien, así que me tomé la libertad de cavar un poco más hondo: «¿Por qué piensas que actuaste así?», le pregunté. Ella encogió los hombros: «No sé. Siempre he sido así». «¿Siempre?», le pregunté. «Desde que me acuerdo. Mi hermano siempre me dijo que era "mandona". Y ahora que lo pienso creo que tenían razón».

Mientras hablábamos, noté que sus actitudes correspondían a ciertos patrones de conducta familiar observados en su infancia. Sharla provenía de una familia en la que se esperaba mucho de ella. Esas grandes expectativas se combinaban con la falta de afecto por parte de sus padres, lo cual había producido un espíritu agresivo. Por eso, había aprendido a hacer cosas para que la aceptaran. Siempre había salido bien en lo que hacía. Su recompensa, sin embargo, no era el amoroso brazo del padre alrededor de sus hombros. Al contrario, era felicitada con un apretón de manos o una recompensa monetaria.

A la larga, el enfoque de la conversación se había alejado de Ben. Empecé a ayudar a Sharla para que aclarara las emociones con las cuales había estado luchando por años: el deseo de ser amada por lo que ella era y no por lo que pudiera hacer; sentimientos de soledad y de aislamiento; la incapacidad de confiar en el Señor. Así fue como pudo ver la conexión entre los patrones emocionales y el medio en el cual había crecido.

En los meses siguientes vi cómo Dios la transformaba. Su fría agresividad desapareció. Se volvió más sensible en cuanto a aceptar a otros. Posteriormente admitió que terminar con Ben fue lo mejor que le había sucedido. Y yo tendría que estar de acuerdo, porque fue a través de esa tragedia que Dios le permitió ver la inmadurez que él ya estaba listo para eliminar.

¿Por qué el dolor?

Alguien puede preguntarse si vale la pena realmente la agonía emocional de traer este tipo de cosas a la superficie. Admito que a veces parece que no valiera la pena. Pero debemos recordar que la meta que Dios tiene para nosotros es la madurez espiritual. El apóstol Pablo dijo que debemos crecer «hasta ser en todo como aquel que es la cabeza» (Efesios 4.15). Aparte del hecho de que es la voluntad de Dios, no hay otros beneficios para tratar con los conflictos del pasado.

El más obvio es que protege para que las relaciones futuras no se inunden con las cosas negativas que surgen de los conflictos no resueltos. Aun cuando intentemos suprimirlo, el pecado del pasado que no ha sido tratado, tarde o temprano surgirá. Puede que lleve un poco de tiempo, pero saldrá a través de las grietas. Por lo general, nuestras familias van a sufrir. Por lo tanto, entre más pronto Dios nos revele estas cosas, es mucho mejor. Cada sesión de consejería familiar en la que he estado involucrado se centra en problemas que provenientes de algún miembro de la familia del pasado. Por causa de ello, empiezo casi cada sesión con preguntas de la primera familia.

Desconéctate del dolor

Entre más tiempo permitamos que estas cosas sigan sin arreglarse, mayor es su potencial negativo; las raíces se hacen más profundas, se hace más doloroso el proceso de «excavación» y también aumenta nuestra resistencia para dejar que esas cosas salgan. Por eso es que Dios se mantiene presionándonos. Él sabe que si nos deja así, vamos a regresar a nuestras viejas costumbres. Necesitamos un incentivo para ver nuestro interior. Nadie quiere enfrentar lo que *realmente* está dentro. Pero hasta que se nos dé una buena dosis de realidad, vamos a continuar con pocos cambios. Los vientos de la adversidad remueven nuestras máscaras. La adversidad quita el velo de lo «que se supone que somos» para revelar la verdad de lo que somos. Y aun cuando sea tan doloroso, es entonces cuando Dios termina lo que ha empezado.

Un chequeo periódico

Hacerse un chequeo médico es una buena idea porque casi garantiza que cualquier amenaza a la salud puede ser detectada antes de que ponga en peligro la vida de la persona. Aquellos que temen lo que el doctor pueda encontrar y que, por lo tanto, evaden el examen, son los mismos que tienen problemas posteriores. Es una tontería ignorar las advertencias que envía el cuerpo. Y aun más lo es ignorar las advertencias de Dios. Si Linda no hubiera llamado al constructor para que inspeccionara el suelo, podemos imaginar lo que hubiera sucedido o qué tan serias habrían sido las consecuencias, para ella y aun para otros.

De la misma manera, si no respondemos a las adversidades que nos llegan pidiéndole a Dios que nos dé entendimiento, nosotros también corremos un gran riesgo. A través de los vientos de la adversidad, Dios quiere revelar las cosas que están escondidas: las características y las normas de comportamiento que tienen el potencial de arruinar tus relaciones futuras, dañar tu testimonio y hasta destruir tu familia. No huyas. No trates de ignorar lo que Dios está haciendo. Al poner a Dios a un lado, solo te lastimas a ti mismo.

Ver hacia el interior puede ser una experiencia dolorosa. Pero recuerda, cualquier cosa que encuentres allí, no importa qué tan devastadora sea, Jesús mismo está allí para ayudarte a llevar esa carga a la cruz y para que trates con ella de una vez por todas. Él está pensando en los mejores beneficios para ti. Él sabe que el dolor algunas veces mejora el camino para completar la sanidad y la restauración del hombre interior.

En su libro *Affliction*, Edith Scheaffer, esposa de Francis Scheaffer, incluye una oración por aquellos que están luchando con el dolor que a menudo involucra el proceso de la santificación:

> *Por favor, déjame ir más cerca de ti, más maduro como tu hijo,*
> *sin una capa de impureza que estropee el reflejo de tu rostro*
> *conforme me ves.*

Si estás dispuesto a que Dios saque a la superficie aquellas cosas ocultas, aquellas incongruencias tan sutiles y los dolores de tu vida, y si estás dispuesto a tratarlos de la manera que él te dirija, verdaderamente saldrás de todo el proceso más cerca de Cristo, más maduro como hijo suyo y con un potencial mucho mayor que el reflejo del amor de Dios.

Capítulo 9

Una experiencia humillante

Durante mis cuarenta y tres años de ministerio, he visto pasar a muchos predicadores con talento. Explotan en el escenario como corredores de cien metros planos. Son invitados a las iglesias de renombre. Se les presenta a las personas reconocidas. Reúnen cartas de recomendación de las superestrellas del mundo evangélico. Se les coloca como si fueran el siguiente Billy Graham o Spurgeon. Pero después de unos años de brillo, desaparecen de la vista. Y de algunos de ellos nunca se vuelve a escuchar.

Algunos de esos hombres fueron amigos personales míos. A otros los conocí de lejos. Pero hay algo que recuerdo especialmente en cuanto a aquellos a los que conocía o con los que tuve oportunidad de ministrar: todos tenían un toque de arrogancia en su comportamiento. No estoy hablando de orgullo. En algunos casos era más sutil que eso.

Esos prometedores jóvenes predicadores sufrían de la misma enfermedad que aflige a la mayoría de los hombres y mujeres que pasan demasiado tiempo bajo los reflectores. Quiero pensar en ellos como si tuvieran amnesia espiritual. En lugar de olvidar quiénes son, se empiezan a olvidar de la Fuente de la que provienen. Se olvidan de que Dios es la voz y que ellos simplemente están siendo las bocas. Pierden de vista que Dios puede parar de hablar en cualquier momento, dejándolos secos por completo; no solamente en cuanto a sus vidas espirituales, sino también en sus carreras.

Cuando teníamos a esos hombres en nuestra casa o pasábamos tiempo con ellos en conferencias o en convenciones, se nos hizo obvio, a Anna y a mí, que estaban empezando a creerse los reportes de la prensa. Habían tomado demasiado en serio el aplauso de los hombres. Una palabra descuidada o una expresión de crítica nos reveló lo que luego sería verdad. Escondida, debajo de la superficie de sus sermones y de sus oraciones, había una fuerza siniestra que lentamente estaba destruyendo los cimientos. Era un proceso gradual que en muchos casos daba como resultado la destrucción de lo que había tomado muchos años construir.

Otra estrella fugaz

Ben Hillary es el ejemplo perfecto. Ben fue una estrella de fútbol en la secundaria y en la universidad. Era extrovertido, amistoso y tenía un corazón que amaba a Dios. Él dejó lo que prometía ser una carrera exitosa para convertirse en un ministro del evangelio. Después del seminario, tomó una iglesia en donde se le reconoció como predicador y como quien tenía el don de maestro. Su congregación empezó a crecer rápidamente. Después de un corto tiempo como pastor, se le reconoció como uno de los predicadores sobresalientes de América.

Pero algo sucedió. Él fue confundiendo quién merecía realmente el aplauso. El orgullo entró. Y era como si nunca hubiera salido del campo de fútbol. Empezó a jugar para la multitud. Se volvió dependiente de la alabanza y de la aceptación de los hombres. Su perspectiva errada empezó a afectar su habilidad para tomar decisiones. Muy pronto todo lo que hacía dependía de lo que los demás pensaran. Después de una serie de decisiones poco sabias, se le pidió que dejara la iglesia. Fue lo último que escuché de Ben.

Dios odia el orgullo. Fue el orgullo el que hizo realidad el pecado en la creación de Dios. Y fue el orgullo el que trajo el pecado a este mundo:

Quien teme al Señor aborrece lo malo;
yo aborrezco el orgullo y la arrogancia,
la mala conducta y el lenguaje perverso.

—Proverbios 8.13

Dios odia tanto al orgullo que está dispuesto a permitir que la adversidad entre en la vida de sus hijos para poder sacarlo de raíz. Y veremos que Dios tiene tal rechazo por el orgullo que es capaz de ir muy lejos, hasta enviar la adversidad para evitar que el orgullo se convierta en un problema. Y así, la cuarta razón por la cual Dios permite la adversidad en nuestras vidas es para conquistar el orgullo.

¿Por qué yo?

En su segunda carta a la iglesia de Corinto, Pablo habla de su «espina clavada en el cuerpo». Aparentemente, esa era una forma de adversidad —probablemente física— que le causaba malestar y ansiedad. Esa adversidad lo llevó a arrodillarse y a hacerse un autoexamen serio. Después de rogarle a Dios tres veces que le quitara esa espina, descubrió algo acerca de sí mismo. En ese tiempo intenso de búsqueda, Dios le reveló a Pablo la razón de su «espina».

Pablo lo describe de la siguiente manera:

Para evitar que me volviera presumido por estas sublimes revelaciones, una espina me fue clavada en el cuerpo, es decir, un mensajero de Satanás, para que me atormentara.

2 Corintios 12.7, énfasis mío.

Dios, previendo la posibilidad de que Pablo se volviera orgulloso o presumido, le permitió a un mensajero de Satanás que lo «atormentara». La espina en el cuerpo era la manera en que Dios llevaba a cabo un mantenimiento preventivo. Era la manera de asegurarse de que la popularidad de Pablo y sus privilegios espirituales no lo inducirían a tener un mayor concepto de sí mismo que el que tenía que tener. Dios conocía el potencial que Pablo tenía en su reino e iba a hacer todo lo necesario para asegurarse de que el ego de Pablo no interfiriera con su ministerio.

Reconoce tu potencial

Dios sabe cuál es tu potencial para su reino. Él sabe la clase de influencia que podrías tener. La mayoría de los creyentes no estiman su potencial espiritual. Piensan: *¿Qué puedo hacer yo por Dios? Él no me necesita.* Pero amigo, no es cuestión de que Dios te *necesite*. El asunto es que Dios te ha *escogido* para que lo representes en tu esfera de influencia. Esa esfera puede ser tu hogar, tu oficina o la gente con la que trabajas. El tamaño del grupo o del lugar no es importante. Puede que seas la única persona a la que escucharía cualquiera de la oficina. Y si tú eres la diferencia para que un alma vaya al cielo o al infierno, entonces ¡tienes un tremendo potencial!

Otra área de potencial espiritual a menudo es pasada por alto. Tendemos a concentrarnos en el trabajo público del reino. Pero el lado privado del reino de Dios es igualmente (si no es que más) importante, esto es, la oración. Todos nosotros tenemos un gran potencial a través de la oración, porque la esencia de la vida espiritual es la batalla que se lleva a cabo en el cuadrilátero de los lugares celestiales (ver Efesios 6.12). La oración es el medio del creyente para participar en la batalla espiritual. Solo el cielo revelará a los héroes espirituales. Yo creo que serán muchos los que van a ser honrados y que permanecieron en el anonimato en esta vida; sin embargo, apoyaron fielmente en oración a aquellos que tienen un ministerio público.

La caída

Dios no es el único que reconoce tu potencial. Satanás también lo ve y goza al usar tu éxito en tu contra. Se deleita convenciendo a los predicadores, maestros y cantantes de que son tan «maravillosos» como lo dice la gente. Él se especializa en desarrollar un espíritu elevado y crítico en aquellos que ven la oración como su llamado personal, son aquellos que dicen: «Apuesto a que el predicador no ora tanto como yo». Él es experto en confundir los consejos de los consejeros. Satanás sabe que nada acaba más con la utilidad espiritual de una persona que el orgullo. No hay otro pecado que neutralice un ministerio tan rápido como lo hace el orgullo.

Dios utilizó a Jonás a pesar de su rebelión. Usó a David pese a su inmoralidad. Aun a Abraham lo usó después de haber expresado su falta de fe y de mentirle a Faraón. Pero cada vez que encuentras a un hombre en las Escrituras que se infla con el orgullo, eso habla del principio del fin.

Nabucodonosor es un ejemplo perfecto. Un día era rey de Babilonia; al siguiente lo sacaron como si estuviera loco (ver Daniel 4.30-33). ¿La razón? El orgullo. Fue también el orgullo de Salomón lo que al final destruyó su reinado. El orgullo va a hacer que Dios ponga a un hombre en el estante rápidamente, porque Dios rehúsa compartir su gloria.

Al orgullo le sigue la destrucción;
   a la altanería, el fracaso.
                              —Proverbios 16.18

Dios se opone a los orgullosos,
   pero da gracia a los humildes.
                              —Santiago 4.6

Un creyente que se vuelve orgulloso está viviendo en oposición a Dios. La vida cristiana está diseñada para ser una existencia dependiente. Cuando el orgullo llega a una vida, lentamente acaba con el sentido de dependencia, porque la esencia del orgullo es la autosuficiencia. Al permitir que el orgullo se meta en su vida, el creyente desarrolla una actitud hacia la vida que es completamente opuesta a lo que Dios está intentando hacer. Dios no ayuda a los orgullosos; no anima a los orgullosos; no asiste a los orgullosos; él resiste a los orgullosos.

No hay duda

A la luz de nuestro potencial para el reino y el efecto devastador que el orgullo tiene en nuestra relación con nuestro Padre celestial, es comprensible por qué Dios nos lleva a grandes dolores para mantenernos humildes. Imagínense cuánto debió haber amado Dios al apóstol Pablo que le permitió que escribiera ¡la mitad del Nuevo Testamento! Sin embargo, también afligió a Pablo con una espina en el cuerpo que se quedó con él toda su vida. La única manera de conciliar dicho privilegio con tal dolor, es dándonos cuenta cuanto detesta Dios al orgullo y en el caso de Pablo aun al potencial del orgullo.

Si Dios estaba dispuesto a acabar con el orgullo de Pablo a través de la adversidad, ¿es irrazonable asumir que haga lo mismo con nosotros? ¿Acaso nuestro potencial para el reino no es tan importante para el Señor como el de Pablo? ¿Acaso está menos interesado en tener una relación íntima con nosotros que con el apóstol? Por supuesto que no. Por lo tanto, la adversidad con la que estás luchando en estos momentos puede ser la manera en que Dios está controlando tu orgullo.

Medita en esto. Si supieras que tu orgullo tiene el potencial de dañar todo lo que Dios quiere que seas, ¿estarías dispuesto a pedirle a Dios que hiciera lo que fuera necesario para mantenerte en línea? Bueno, si pensar en hacer ese tipo de oración te hace temblar, tengo buenas y malas noticias para ti. Las buenas son que necesitas pedirle a Dios que envíe algo a tu vida para que controle tu orgullo. Las malas son que probablemente él hará algo ¡por su propia iniciativa!

La tragedia es que algunas personas son lo suficientemente inteligentes para quitarse o darle la vuelta a la adversidad que Dios está intentando utilizar. A través de su propia ingenuidad y determinación, manipulan las cosas de tal manera que temporalmente hacen un puente para pasar por alto el plan de Dios para mantenerlos humildes. Eso puede que resulte por el momento, ¡pero nadie puede ser más inteligente que Dios! Por algún tiempo esas personas son capaces de continuar funcionando o aun ministrando como si nada hubiera cambiado. Pero lentamente, lo que es cierto en la privacidad empieza a salir a la superficie públicamente. Las personas empiezan a notar un cambio, falta de poder, vanidad y algunas veces, aun sin saberlo, Dios las sacas de circulación.

La historia de Sheila

Hace varios años había una mujer muy talentosa en nuestra iglesia que era particularmente buena con los jóvenes. Los niños de la congregación eran atraídos por ella como nunca antes se había visto. Su personalidad junto con su habilidad para las comunicaciones la hacían una profesora excelente y la convertían en un rol modelo, pero como ocurre con muchas de las personas con talento, tenía una tendencia a confiar más de la cuenta en los elogios de los demás. Así fue como noté un cambio de actitud hacia su trabajo y hacia su ministerio. La aprobación de los demás se volvió más importante que la aprobación silenciosa de Dios. El orgullo empezó a gobernar.

A medida que se estaba llevando a cabo esa transformación, observé cómo Dios en dos ocasiones había tratado de humillar a Sheila. Su primer intento fue a través de uno de sus niños. Su hija mayor había nacido con una condición física que incomodaba públicamente a Sheila. En vez de aceptar el problema de su hija y amarla a pesar de cualquier costo, Sheila rechazó a Mindy. La criticaba públicamente por cosas que iban más allá del control de la chica. Al fin resolvió la situación haciendo que otros cuidaran a Mindy hasta que pudiera hacerlo por sí misma. Y todo el tiempo justificó su comportamiento señalando lo significativo que era su ministerio.

Unos años después, el esposo de Sheila perdió su trabajo. Como resultado, también perdió la confianza en sí mismo. Estuvo un tiempo sin trabajo y finalmente empezó a laborar para la ciudad. Tanto el trabajo que realizaba como la paga que obtenía no eran a lo que Sheila estaba acostumbrada. Una vez más, ella evadió lo que creo que era otro intento de Dios por humillarla. En lugar de apoyar a su esposo en el momento en que realmente lo necesitaba, lo abandonó.

No he visto a Sheila desde hace tiempo. Después de dejar a su marido, inició un negocio propio. No mucho después, dejó todas las responsabilidades de su ministerio en la iglesia. Lo último que escuché de ella es que le estaba yendo bien en su negocio pero estaba completamente apartada del Señor. Un éxito ante los ojos del mundo, pero está muy lejos de eso ante los ojos de Dios.

Un amor doloroso

De la misma manera que Dios tenía grandes planes para el apóstol Pablo, los tiene para ti. Hay personas que no son salvas, las cuales solo tú puedes alcanzar; hay santos que están sufriendo y que solo tú puedes consolar. Y Dios, no va a permitir que el orgullo mengüe tu potencial; por lo tanto, hará lo que sea necesario al respecto. Puedes resistirte como Sheila, pero solo te vas a lastimar a ti mismo. Aun cuando sea algo doloroso, la adversidad es una expresión del amor de Dios. Cuando hace algo para vencer tu orgullo, Dios trabaja para preservar tu potencial y tu vida. El orgullo siempre acarrea destrucción. Puede ser la destrucción de tu familia, de tu carrera o de tu propia vida. ¿Estás luchando con alguna clase de adversidad? ¿Podría ser que Dios ha permitido tal prueba en tu vida para acabar con tu orgullo? Si es así, ¿estás dispuesto a agradecérselo? No por la adversidad en sí misma, sino por su gran amor e interés por ti y por tu familia. Si puedes alabarlo con sinceridad de corazón por su interés y por la manera de involucrarse en tu vida, ¡has dado un paso gigantesco en tu avance a través de la adversidad!

Capítulo 10

El poder de la debilidad

Una de mis narraciones favoritas del Antiguo Testamento es la historia de David y Goliat. Por la manera en que el escritor describe ese suceso, cualquier extraño lo encontraría un poco cómico. Parece ser que los israelitas cada mañana se alineaban en la colina para la batalla. Conforme se alistaban para pelear contra los filisteos, Goliat acudía al valle. Ahí, de pie, vestido para la batalla con su escudero a su lado, le gritaba al ejército israelita y lo desafiaba a que lo atrapara. Al instante, todo el ejército israelita se daba la vuelta y se iba de regreso al campamento (ver 1 Samuel 17.1-24).

Aparentemente ese patrón de eventos se estuvo repitiendo hasta que David aparece en escena. Después de pelearse con sus hermanos una o dos veces, David juntó cinco piedras y fue al valle a desafiar a Goliat. Nuevamente, a cualquiera que estuviera viendo desde las colinas, eso debió parecerle entretenido. Imagínense, David y su honda yendo en contra del gigante y sus armas de guerra. Pero para sorpresa de todos (y Goliat no fue el menos sorprendido), David salió victorioso.

Muchas lecciones pueden sacarse de esta narrativa tan familiar. Y muchos sermones que conmueven han sido predicados en lo que concierne a la fe y al ánimo de David. Pero, solo por un momento, veamos la historia desde la perspectiva de Dios. Con ello, ganamos un gran conocimiento acerca de la mente de Dios y descubrimos otra manera en la que Dios utiliza la adversidad en nuestras vidas.

¿Por qué escogió Dios a David en ese encuentro en contra de Goliat? No estaba entrenado, estaba mal preparado, no tenía experiencia y, además, era joven. Humanamente hablando, no tenía nada a su favor. Había miles de soldados israelitas bien entrenados que hubieran sido candidatos mucho mejores. Sin embargo Dios escogió a David. ¿Por qué lo hizo?

¿Y qué si...?

Imagínense por un momento que ustedes son uno de los que mencioné hace dos párrafos. Están sentados en las colinas observando lo que está sucediendo. Ven a Goliat que viene al valle a dar su paseo diario. Entonces, notan un alboroto entre los soldados israelitas. Gritos salen de sus filas cuando uno de los suyos toma su espada, su escudo y se dirige al valle. Aun cuando no es tan grande como Goliat, ciertamente tampoco es un enano. Conforme se coloca para la batalla, se hace notorio que el hombre ha visto muchas batallas y quizás ha enfrentado grandes desventajas anteriormente.

De repente, los dos guerreros se lanzan al ataque. Por varios minutos parece como si aquel valiente israelita ha encontrado un rival de categoría. Pero entonces, más rápido de lo que puede captar el ojo, nuestro héroe hace un movimiento que toma a Goliat fuera de guardia. Conforme Goliat batalla para recuperar su ventaja, el israelita atraviesa con su espada la coraza y cae con él a tierra. Por unos minutos los hombres luchan en la tierra. Pero la herida parece ser fatal y rápidamente el cuerpo de Goliat queda sin vida. El soldado israelita se levanta lentamente, recoge la espada del gigante, y con un golpe separa la cabeza del cuerpo. Los hombres del ejército israelita gritan mientras sus enemigos huyen.

Emocionante, ¿eh? Pero poco sorprendente. Hemos visto vencer antes al más débil. Además, Goliat cometió un error de táctica y el israelita le sacó ventaja. No hay nada impresionante. Podríamos describir todo con tácticas militares y dejar a Dios fuera del panorama por completo. Por esa misma razón Dios no decidió enviar a un soldado. Al contrario, escogió a un pastor joven. Buscó a alguien que no tuviera ni la más mínima oportunidad de ganar. Alguien que dependiera completamente de él. Un instrumento a través del cual pudiera demostrar su gran poder, de tal manera que obtuviera el crédito por ello. Cuando David mató a Goliat aquel día, no había duda de quién había entregado al gigante en sus manos (ver 1 Samuel 17.37), ni tampoco la hubo en la mente de los demás.

La elección de Dios

El punto es sencillamente el siguiente: *Entre más grandes sean las desventajas, es mejor para Dios.* Nuestro Padre celestial obtiene mayor atención y más gloria cuando trabaja a través de personas que el mundo considera débiles.

El apóstol Pablo lo pone de la siguiente manera:

Pero Dios escogió lo insensato del mundo para avergonzar a los sabios, y escogió lo débil del mundo para avergonzar a los poderosos. También escogió Dios lo más bajo y despreciado, y lo que no es nada, para anular lo que es, a fin de que en su presencia nadie pueda jactarse.

—1 Corintios 1.27-29

Vean la segunda frase. Dios escogió a lo débil del mundo. No tiene que hacerlo. Esa es su decisión. Cuando utiliza a los que son débiles, su poder y su fuerza son más evidentes.

¿Cómo encaja todo esto en nuestra discusión acerca de la adversidad? Una de las razones por las cuales Dios permite que la adversidad venga a nuestras vidas es para hacer que nos *apoyemos* en *su* fuerza, no en la nuestra. Al hacer eso, él perfecciona su poder en nosotros (ver 2 Corintios 12.9). Al apoyarnos en su poder nos manifiesta su suficiencia, a nosotros y a aquellos que saben de nuestra situación. La victoria de David era un motivo de alegría y de ánimo para la nación entera de Israel. Lo mismo ocurre cuando Dios trabaja a través de uno de sus hijos, a pesar de las debilidades del individuo.

Limitaciones

Las adversidades siempre nos limitan de alguna manera. Ya sea que nos hagan más lentos físicamente o nos agoten emocional o mentalmente. Las adversidades no nos permiten trabajar al cien por ciento. Nuestra mente se divide y aun el trabajo más sencillo se convierte en algo difícil. Trabajos que antes nos tomaban un par de horas, ahora nos consumen todo el día. Nuestro temperamento se hace sensible y aun lo más pequeño nos irrita al máximo.

Hace un tiempo tuve que tratar con una situación familiar muy delicada. Mi padrastro es ciego y no puede valerse por sí mismo. Eso estaba creando una tensión demasiado fuerte para mi madre. A pesar de la presión que causaba tenerlo en casa, no quería llevar a John en un asilo para que lo cuidaran. Así que lo llevábamos y lo traíamos. Finalmente, después de mucha oración y discusión, coloqué a John en el mejor asilo que encontré. Después de visitarlo el sábado, mi madre observó que no lo estaban cuidando de la manera adecuada, así que empacó sus cosas y lo llevó de vuelta a casa. Pobre John, estaba muy confuso.

Por un tiempo, no sabía dónde estaría viviendo la semana siguiente. Puedo recordar cuando me sentaba en mi estudio y luchaba por concentrarme en mi trabajo. Mi mente seguía divagando; me encontraba por momentos viendo a través de la ventana pensando en mi mamá y en John. Me aturdía verla sufrir. Sin embargo, no quería forzarla a que hiciera algo en contra de su voluntad. El hecho sirvió para limitarme mental y emocionalmente.

Esa es la naturaleza de la adversidad. Nos roba los recursos que necesitamos para funcionar correctamente. Las áreas en las que éramos fuertes se convierten en nuestras mayores debilidades. Es una intrusa y una ladrona. Sin embargo, en las manos de Dios, la adversidad se convierte en el medio a través del cual su poder sobrenatural se manifiesta.

Poder perfecto

El apóstol Pablo ciertamente entendió ese principio. Después de pedirle tres veces a Dios que le quitara la espina en su cuerpo, finalmente recibió la respuesta. No era lo que él esperaba. Dios le dijo terminantemente que no se la quitaría. Sin embargo, le supliría al apóstol las fuerzas que necesitaba para llevar a cabo el trabajo que le había encomendado.

Él me dijo: «Te basta con mi gracia, pues mi poder se perfecciona en la debilidad.» Por lo tanto, gustosamente haré más bien alarde de mis debilidades, para que permanezca sobre mí el poder de Cristo ... porque cuando soy débil, entonces soy fuerte.

—2 Corintios 12.9-10

Como todos nosotros, Pablo quería que todo en su vida marchara bien. Por eso es que oró: «Señor, libérame de esta espina». Pero Dios quería que Pablo viviera con una limitación. Era su voluntad que Pablo permaneciera débil. Pero no por causa de la debilidad. El propósito de Dios era debilitar la dependencia de sus propias fuerzas, de su propia sabiduría, de su propio intelecto. Dios quería que Pablo viviera y ministrara a partir de su debilidad y no de sus fuerzas. Esta es la idea subyacente a la frase «se perfecciona en la debilidad».

El término *perfecciona* no significa perfecto en el sentido moral, o como algo perfecto en contra de lo imperfecto; la idea aquí es estar «completo» o «lleno». Dios le estaba dando a Pablo un principio general. De acuerdo a ese principio, entre más débil sea algo, mayor es la necesidad de fortaleza. En comparación, cuando lo débil es fortalecido, la presencia de una fuerza renovada es más notable.

Una de las mejores maneras para que Dios muestre su poder, es a través de vasos que de otra manera serían débiles o limitados. Por esa razón, Dios permite que la adversidad forme parte de nuestras experiencias; no con el propósito de hacernos débiles o incapaces de continuar con nuestras vidas, sino con el objetivo de capacitarnos por su fuerza para hacer lo que de otra manera sería imposible.

Una prioridad dolorosa

Desde la perspectiva de Dios, era más importante que Pablo experimentara el poder sobrenatural a que tuviera una existencia libre de dolor y de adversidades. Entre más cerca se vea la vida de Pablo, más difícil es de aceptar. Fue apedreado y lo dejaron allí porque pensaron que estaba muerto, naufragó, fue azotado, mordido por una serpiente y finalmente encarcelado, todo por causa de Cristo. Cuando se había hecho y dicho todo, la respuesta de Pablo fue la siguiente:

Por eso me regocijo en debilidades, insultos, privaciones, persecuciones y dificultades que sufro por Cristo; porque cuando soy débil, entonces soy fuerte

—2 Corintios 12.10

He visto hombres y mujeres salir de circunstancias menos extremas que las de Pablo llenos de ira y de hostilidad. Se enojan con Dios por lo que les hizo. Pero no fue así con Pablo. ¿Por qué? Porque reconoció que lo que Dios permitió que se le hiciera a él era simplemente una preparación para lo que Dios quería hacer por él. A medida que Pablo se volvía más y más dependiente del Señor para tener fuerzas, eso se convirtió en algo natural para él. Su fe en Cristo creció hasta el punto que pudo decir con sinceridad: «Por eso me regocijo en [las] debilidades».

Eso de estar contento con las debilidades contradice los mensajes que nos envía la sociedad. En la era del poder es poco usual que las personas se emocionen con vivir en un estado de debilidad. Pero al examinar la vida del apóstol Pablo, uno difícilmente tiene la impresión de que haya sido un hombre débil. Por el contrario, debatió en contra de los apóstoles de Cristo con respecto a la salvación de los gentiles, ¡y les ganó! Se pasó la vida predicando en las circunstancias más hostiles. Plantó iglesias en las ciudades principales de Asia Menor y en las ciudades portuarias del mar Egeo. Pablo entrenó a los primeros pastores y ancianos de esas primeras congregaciones. Y, para concluir, ¡escribió la mitad del Nuevo Testamento!

No sé qué puedes pensar, pero ciertamente eso no me habla de un hombre pobre. Si Pablo hubiera sido un hombre de negocios, habría tenido un gran éxito. Sabía fijarse metas y cómo alcanzarlas. Entendía los principios fundamentales de la motivación personal. Era una persona que movía y que agitaba.

Entonces, ¿cómo reconciliamos las afirmaciones de Pablo con respecto a su debilidad y sus sorprendentes logros? Es sencillo, la respuesta está en esta frase, «cuando soy débil, entonces soy fuerte». Una paráfrasis de su comentario sería más o menos así: Cuando yo Pablo, en mi propia fuerza, soy débil entonces yo, Pablo, apoyándome en el poder de Cristo en mí, me vuelvo fuerte, capaz de hacer cualquier cosa que el Señor requiera de mí, lleno de energía y de celo para llevar a cabo su voluntad.

En búsqueda de lo débil

Dios quiere trabajar a través de nuestras debilidades de la misma manera en que lo hizo con el apóstol Pablo. Puede que hayas nacido con características que consideras debilidades. O puede que hayas nacido en una familia que no te proveyó las cosas que piensas que son necesarias para tener éxito. Quizás una tragedia o una enfermedad reciente te dejaron pensando acerca de tu utilidad y de lo que vales como persona.

Si te parece familiar cualquiera de esas situaciones, ¡alégrate! Eres la clase de persona que Dios está buscando. Él quiere personas a través de las cuales pueda mostrar su gran poder, personas que conozcan sus debilidades y que estén dispuestas a que él sea el que controle y dirija sus vidas. Dios está buscando hombres y mujeres que estén dispuestos a aceptar los desafíos que sean demasiado difíciles para ellos, y que confíen en que él va a llevar la carga. Él quiere personas que entiendan por su propia experiencia lo que Pablo quiso decir cuando escribió: «Te basta con mi gracia [la de Dios]». Creyentes que crezcan acostumbrados a las debilidades, ¡pero que tomen diariamente de la suficiencia y del poder de Cristo!

Más veces de las que puedo recordar he enfrentado desafíos superiores a mis posibilidades de resolverlos. He sufrido el rechazo de hombres que pensaba eran mis mejores amigos. He sido lastimado tan profundamente que he tenido que clamar tan fuerte al Señor diciéndole que estaba listo para morir. Pero en medio de esas sesiones de autocompasión, mientras le he dicho a mi Padre celestial lo que podía soportar y lo que no podía, él siempre me ha enviado un amable recordatorio. «Charles, no estaba interesado en tus fuerzas ni en tu habilidad cuando te llamé. Ni siquiera me interesan ahora. Lo que quiero saber es si estás dispuesto. Si lo estás, sigamos adelante. Porque mi gracia es suficiente».

En este momento quiero que piensen en algo. Tu mayor debilidad es la mayor oportunidad de Dios. En vez de quejarte y pedirle a Dios que cambie las circunstancias, ¿por qué no pedirle que llene ese vacío con sus fuerzas? Dios ha permitido la adversidad en tu vida para que dejes de depender de tus propias fuerzas. Es su deseo que aprendas a vivir dependiendo de él en las cosas que te hacen falta. Conforme te vas acostumbrando más y más a ese tipo de arreglo, empezarás a sentirte contento. Su poder va a ser perfeccionado en ti. Y a medida que estés dispuesto, su poder va a ser mostrado en otros a través de ti. Entonces serás capaz de gloriarte en tus debilidades junto con el apóstol Pablo. Porque cuando eres débil, entonces *¡él es fuerte!*

Capítulo 11

Fiel es el que te llamó

Quizás hayas escuchado decir que una persona no sabe realmente quiénes son sus amigos sino hasta que pierde todo. Creo que hay una gran verdad en eso. Todos hemos experimentado el dolor de descubrir que las personas que creíamos que nos eran fieles —a pesar de cualquier cosa— simplemente eran «amigos en las buenas». Sabes a lo que me refiero, amigos cuya lealtad depende del «clima» de las circunstancias. Mientras la situación sea agradable, están contigo para todo. Pero cuando empieza a demandarse algún sacrificio de su parte, son difíciles de encontrar. La medida final de las amistades no es en dónde se encuentran cuando es tiempo de comodidad y de conveniencia, sino en dónde están cuando hay tiempos de desafío y de controversias. Siendo ese el caso, si no se da algún tipo de adversidad, nunca sabremos quiénes son nuestros amigos fieles.

De la misma manera, nunca conoceremos personalmente la fidelidad de Cristo si no hay adversidad. Como resultado, nuestra fe nunca crecerá. Va a permanecer sin movimiento. Una de las primeras razones por las cuales Dios permite que enfrentemos adversidades es para que él pueda demostrar su fidelidad y a cambio va a incrementar nuestra fe. Si eres creyente, has hecho la decisión de confiar en Cristo tu destino eterno. Pero no vas a experimentar su fidelidad en esa área en particular hasta que mueras. Dios quiere más de ti y para ti, que un simple conocimiento intelectual de su fidelidad. Es su voluntad que *experimentes* esa fidelidad ahora.

Si nuestras vidas están libres de dolor, problemas, tristezas, nuestro conocimiento de Dios va a permanecer puramente a nivel académico. Nuestra relación con él puede ser comparada a la de un tatarabuelo de quien hemos escuchado historias; sin embargo, nunca lo conocimos en personal. Le tendremos una gran admiración, pero no habrá intimidad, ni compañerismo. Siempre habrá un sentimiento de distanciamiento y de misterio. Esa no es la clase de relación que Dios quiere con sus hijos. A través de la muerte de Cristo, Dios nos ha abierto el camino para que tengamos acceso directo a él. Él hizo lo que más pudo para que no haya nada que se interponga entre él y sus hijos. Ahora hay un potencial para que haya intimidad entre nosotros y el Creador. Cristo incluso dijo que éramos sus amigos (ver Juan 15.14-15).

Dios está en el proceso de idear circunstancias a través de las cuales se nos pueda revelar. Y tanto la historia, como nuestros testimonios personales, dan testimonio del hecho de que es en el tiempo de la adversidad que nos damos mayor cuenta de la asombrosa fidelidad que Dios tiene para con nosotros.

Por ejemplo...

Imagínense cómo se amplió la comprensión de Noé con respecto a la fidelidad de Dios después de que fue librado del diluvio. Piensen cómo aumentó la fe de David cuando peleó con el león y con el oso que habían ido a hurtar sus ovejas. No puedo imaginarme lo que estaba pasando por la mente de Gedeón cuando Dios le dijo que tenía demasiados soldados y que tenía que deshacerse de la mayoría de ellos (ver Jueces 7). Pero después de la victoria, su fe creció muchísimo. Dios utilizó al Mar Rojo y a Jericó para demostrar su fidelidad a Israel. Utilizó el egoísmo de Lot en la vida de Abraham. Y podríamos seguir contando. En cada caso, la adversidad fue el medio a través del cual Dios reveló su fidelidad hacia sus siervos. El salmista lo expresó de esta manera:

Busqué al Señor, y él me respondió;
me libró de todos mis temores.
Este pobre clamó, y el Señor le oyó
y lo libró de todas sus angustias.
El ángel del Señor acampa en torno a los que le temen;
a su lado está para librarlos.
Muchas son las angustias del justo,
pero el Señor lo librará de todas ellas.

—Salmos 34.4, 6-7, 19

Esa es la descripción de alguien que está experimentando la fidelidad de Dios. Una experiencia que sería imposible aparte del «temor», los «problemas» y las «aflicciones». Noten que el autor no está ni deprimido ni enojado con Dios. Al contrario, el estado de humor del salmista es muy positivo. Es un salmo de alabanza y gratitud. En donde hay adversidad siempre hay un gran potencial para la alabanza. Las celebraciones más grandes descritas en las Escrituras siempre siguen a un evento en el cual Dios mostró su fidelidad a través de la adversidad.

Piensa en la última ocasión en que genuinamente alabaste al Señor por algo que hizo. ¿Fueron generados por la adversidad o por una clase de conflicto los elementos que te motivaron a la alegría? Es muy probable que haya sido por algo así. La fidelidad de Dios a través de la adversidad casi siempre es el catalizador de la alabanza. Y, en el proceso, la fe se agranda y se refuerza.

La última causa de mi alabanza

La serie de hechos que me llevaron a mi más reciente experiencia de alabanza estuvieron llenos de adversidad. Durante la última semana he estado involucrado en un diálogo continuo con una joven que ha tomado la decisión de abortar. Ella sabe que estaba mal, pero el pensamiento de contárselo a su familia y a sus amigos era demasiado abrumador. Además, acababa de empezar una carrera nueva, por lo que un bebé no encajaba en sus planes para ese momento. Me reuní con ella y con su novio como por una hora y no llegamos a ninguna conclusión. La noche siguiente después de haber hablado, le dijeron a un amigo mutuo que no les gustó que yo tratara de asustarlos.

Después de varios días sin saber qué rumbo estaban tomando, al fin supe que la joven había decidido tener al bebé. Me llamó y se disculpó por su actitud, incluso me dio las gracias por la ayuda prestada. Desde entonces he estado alabando al Señor. No es que *él* haya sido menos fiel en anteriores ocasiones, pero al permitirme ver y experimentar su fidelidad en acción, *mi* fe aumentó.

En el mundo real

Por desdicha, las cosas no siempre salen tan bien. Hay situaciones que no se resuelven de la manera que quisiéramos: Personas por las que oramos para que mueran, esposos que dejan a sus esposas y nunca regresan, hijos que arruinan sus vidas a pesar de tener unos padres piadosos, negocios que se van a la quiebra, cristianos que pierden sus empleos y miles de personas que *sí* abortan.

Pero Dios no es menos fiel en esos sucesos que en los otros. Su fidelidad, sin embargo, adopta una forma diferente. A pesar de ello, muchos cristianos dudan de Dios cuando la adversidad no se resuelve de la manera que ellos consideran apropiada. Como resultado, algunos se enojan con él y le dan la espalda por completo. No puedo decirles a cuántos hombres y mujeres que se rebelaron contra Dios he aconsejado. Dios no hizo las cosas de la *manera que ellos* querían que se hiciesen, así que lo tomaron por infiel y se alejaron.

Dios siempre es *fiel* con sus promesas. En ningún lugar, sin embargo, prometió que las cosas serían de la manera que nosotros pensamos que deberían ser. Si ese fuera el caso, Dios no sería más que un genio que hace magia. Los caminos de Dios no son nuestros caminos y, de la misma manera, a menudo sus metas no son nuestras metas. Pero siempre es fiel.

Su fidelidad es la misma

La fidelidad de Dios no siempre se manifiesta liberándonos *de la* adversidad. Muchas veces Dios muestra su fidelidad sosteniéndonos a *través de la adversidad.* Tomen, por ejemplo, a un hombre que naufraga en una isla desierta. Cuando explora la isla en busca de comida, descubre un bote de carreras que está en la playa. Al revisarlo se encuentra con que el tanque está lleno de gasolina. Enciende la máquina y se va. Ya no queda abandonado.

Tomemos nuevamente el mismo ejemplo. Solo que en esta ocasión no descubre el bote; pero descubre una casa desierta y una plantación de frutas. Dentro de la casa encuentra todas las herramientas que necesita para cultivar la plantación. Aunque aún se encuentra abandonado en la isla, tiene lo que necesita para vivir. Podrá salir adelante.

No hay duda de que la mayoría de nosotros estaremos de acuerdo en que las primeras circunstancias son mejores. Sin embargo, el hombre de la segunda escena podría haberla pasado peor. En ambas ilustraciones hubo provisión; la diferencia es la manera en que se presentaron las cosas. A menudo Dios muestra su fidelidad en la adversidad proveyendo lo que necesitamos para sobrevivir. No cambia nuestras dolorosas circunstancias, pero nos sostiene a través de ellas. A esto se refería el autor de Hebreos cuando escribió:

Así que acerquémonos confiadamente al trono de la gracia para recibir misericordia y hallar la gracia que nos ayude en el momento que más la necesitemos.

—Hebreos 4.16

El escritor plantea una promesa interesante. Cuando tenemos necesidad, Dios nos va a proveer con gracia y misericordia. Este versículo no nos promete un cambio de circunstancias, ni que seremos librados del dolor ni de nuestros enemigos. Simplemente afirma que cuando tenemos necesidad, Dios nos va a llenar de gracia y de misericordia. Sin duda, preferiríamos que Dios nos librara del dolor a que nos sostuviera a través del mismo; pero no tiene ninguna obligación de hacerlo de ese modo. Y no es menos fiel porque lo haga a su manera.

A Pablo ciertamente no le faltó confianza en la fidelidad de Dios. Sin embargo, Dios no optó por quitarle la espina de su cuerpo, pero decidió sostener a Pablo a través de eso. Cuando Pablo pidió ser liberado, la respuesta que recibió fue sencilla: «Te basta con mi gracia» (2 Corintios 12.9). En otras palabras: «Pablo, vas a continuar sufriendo, pero si te agarras de mí, vas a salir adelante».

Gracia sin medida

En su fascinante libro *El Señor es mi pastor*, Phillip Keller describe la maravillosa fidelidad de Dios durante la enfermedad y muerte de su esposa. Por mucho que Phillip deseara que fuera sanada, eso no sucedió. Sin embargo escribe:

Una y otra vez me recuerdo: «Oh, Dios parece terriblemente duro, pero de hecho, yo sé que al final se probará que fue la manera más fácil y más tranquila de llevarme a una posición superior». Entonces, cuando le agradezco por las cosas difíciles, por los días grises, descubro que él está allí conmigo, en mi angustia. En ese momento mi pánico, mi temor, mis malos entendidos dan paso a una confianza calmada y serena en su cuidado. De alguna manera, de modo tranquilo y sosegado se me asegura que todo será para mi bien porque él está conmigo en el valle y las cosas están bajo su control.

Llegar a esta convicción en la vida cristiana es haber entrado en una actitud de tranquila aceptación de todas las adversidades. Es haber pasado a un lugar superior con Dios. Conocerlo de esta manera nueva e íntima hace que la vida sea más fácil que antes. Durante la enfermedad de mi esposa y después de su muerte no podía apartarme de la fuerza y la serenidad que se me impartían hora tras hora por la presencia del mismo Espíritu de gracia. Era como si fuera refrescado y renovado a pesar de las circunstancias tan desesperantes que me rodeaban.

¿Podría alguien negar al fidelidad de Dios para con Phillip? Aunque Dios decidió no sanar a su esposa, su fidelidad fue reconocida antes, durante y después de la dolorosa prueba. Como hizo con el apóstol Pablo, Dios decidió responder al clamor de ayuda de Phillip con una gracia y misericordia que lo sostuvieron.

Una nota personal

No soy diferente a la mayoría de las personas en el sentido en que preferiría que Dios me librara de la adversidad en vez de sostenerme a través de ella. Las lecciones más grandes de mi vida, sin embargo, me han sido enseñadas a través de prolongados tiempos de adversidad. Una cosa en particular ha sido una carga para mí en los últimos doce años, he orado, ayunado y, literalmente algunas veces he llorado, ante Dios para que quite este peso de mis hombros. Pero cada vez su respuesta ha sido: «Charles, te basta con mi gracia». Y, alabado sea Dios, porque ¡realmente lo es! Cada momento de cada día lo continúa siendo.

Hay veces que opero con mis propias fuerzas. Cuando lo hago caigo ante la presión y nuevamente empiezo a quejarme: «Señor, ¿cómo esperas que sea un buen esposo y un buen padre, que prepare sermones y hacer que todo marche bien en la iglesia cuando también tengo esta carga extra?». Cuando finalmente me callo lo suficiente como para escuchar, me recuerda a través de su Palabra o en la privacidad de mi corazón que él no espera que haga las cosas por mí mismo; y que, si le dejo, me proveerá de la gracia y de la fuerza en el momento en que las necesite.

A través de todo eso he salido con un conocimiento mejorado de lo que es Dios. Comprendo de una manera más profunda la dedicación que tiene a sus hijos. Sé, más allá de cualquier sombra de duda, que servimos a un Dios que es fiel, a un Dios en quien se puede confiar aun en los valles más oscuros, un Dios cuya gracia es suficiente y siempre está a la mano en el momento oportuno.

Amigo, no sé cuál será la naturaleza de la adversidad que estás enfrentando en estos momentos. Pero sé que si se lo permites, Dios va a utilizar esa prueba para que aumentes tu fe en su fidelidad. Él se te va a revelar de maneras que son solo concedidas en momentos de dificultad y de dolor.

No hay otro momento en el que seamos forzados a depender tan completamente de la misericordia y de la gracia de Dios. Y es solo después de que somos llevados a apoyarnos en su poder sustentador que nos damos cuenta de que eso es lo adecuado; es entonces que sabemos por experiencia propia que él es fiel.

Quizás Dios decidió dejar tus circunstancias de la manera en que están. Puede que no te vayas a sentir mejor. Tal vez tu cónyuge nunca regrese. Es probable que nunca recobres la posición financiera que antes tenías. Pero Dios no es menos fiel, puesto que te proveerá de gracia y de misericordia en el tiempo de necesidad.

El Señor no le dijo a Pablo: «Mi gracia te va a bastar» o «Mi gracia te ha bastado». Solo dijo: «Te basta con mi gracia». La frase está en tiempo presente; eso significa «en el momento». Y así va a ser en tu experiencia propia si decides confiar en él. Entonces serás capaz de decir junto con el apóstol Pablo:

Por lo tanto, gustosamente haré más bien alarde de mis debilidades, para que permanezca sobre mí el poder de Cristo.

—2 Corintios 12.9

Capítulo 12

Consolados para consolar

Tan pronto como Bill Jackson entró en mi oficina y se sentó, supe que estaba siendo lastimado. Bill era pastor de una iglesia en otro estado. Él y su familia estaban terminando sus vacaciones de verano y en el último momento decidieron desviarse para Atlanta y visitar nuestra congregación. Esa decisión de último minuto resultó haber sido ordenada por Dios.

Bill había sido llamado a la Iglesia Bautista de River Park casi ocho meses antes de que me visitara. Durante el primer año y medio que Bill estuvo allí, Dios bendijo la iglesia grandemente. Las personas estaban salvándose, las familias estaban volviendo a reunirse y había crecimiento en cada área de la iglesia. Pero algunos «líderes» no estaban entusiasmados con lo que estaba sucediendo.

Ellos habían tenido el control durante muchos años y sentían que se les estaba escapando de las manos. En vez de gozarse con lo que Dios estaba haciendo, empezaron a criticar a Bill y a su familia. Decían que estaba descuidando a los ancianos. Lo acusaron de que estaba predicando demasiados sermones evangelísticos. Y no les gustaba su estilo de liderazgo, significara ello cualquier cosa.

Conforme Bill derramaba su corazón, no tuve problemas en identificarme con todo lo que estaba sintiendo, yo había enfrentado circunstancias parecidas cuando llegué a la Primera Iglesia Bautista de Atlanta. Cuando terminó, le conté mi historia. Le expliqué lo mejor que pude el dolor que sufrí durante ese tiempo. Le mostré los pasajes de las Escrituras que me sostuvieron y compartí con él los sucesos que al fin cambiaron las cosas. Después, lo puse al corriente de todo lo que Dios ha hecho en la Iglesia desde entonces. Cuando terminamos de hablar, su actitud había cambiado por completo. Estaba entusiasmado por lo que Dios tenía para River Park. Cuando se iba, se volvió y dijo: «¿Sabes?, realmente no pensé que pudiera verte. Y para ser sincero, no creí que pudieras entender de dónde venía. ¡Gracias a Dios me equivoqué en ambas cosas! Estoy muy animado».

No fue la primera vez que escuché una historia como la de Bill, ni tampoco fue la última. Y creo que Dios va a continuar trayendo pastores desalentados a mí para que pueda departir con ellos y darles ánimo. ¿Qué cómo lo sé? Porque parte de la razón por la cual Dios me permitió que pasara a través de un tiempo de adversidad fue para prepararme para eso mismo: para consolar y animar a otros que están enfrentando circunstancias parecidas.

Dios quiere que cada uno de nosotros consolemos a otros. Pero antes de que te apresures a ofrecerte como voluntario, mantén una cosa en tu mente: es un *consolador* mediocre quien nunca ha necesitado ser *consolado*. Así que llegamos a otra razón por la cual Dios permite que la adversidad toque nuestras vidas: para equiparnos a fin de consolar a otros.

Aprende a la manera difícil

Como tantas lecciones, tuve que aprender esta por el camino difícil. Por años tuve una técnica muy sencilla al aconsejar matrimonios. Creía que si las personas solo confesaban sus pecados, serían felices a partir de entonces. Así que llegaba una pareja y me contaba su historia. Señalaba su pecado, les instruía a que lo confesaran, les daba unos versículos para memorizar, oraba con ellos y los despedía. Era bastante bueno, pues raramente tenía que darles una segunda cita. Y la razón de eso no era que mi asistencia fuera la mejor, sino que la gente se negaba a desperdiciar su tiempo hablando conmigo.

Mi problema es que nunca había visto a un matrimonio que tratara los problemas desde una perspectiva cristiana. Mi padrastro no era creyente. Él y mi madre nunca resolvieron con éxito sus diferencias conforme yo iba creciendo. Hasta ese momento Anna y yo no habíamos tenido diferencias muy grandes. Realmente creía que si una pareja amaba a Dios y mantenía sus pecados confesados, todo iba a estar bien. Pueden imaginarse qué clase de «consolador» era para aquellos esposos y esposas que estaban lastimados.

Entonces Dios aprovechó un cambio de circunstancias para aumentar mi sensibilidad. En 1970 nos fuimos a Atlanta, donde estuve bastante ocupado. Empecé a casarme con el ministerio y comencé a descuidar a mi familia. Me tomó varios años darme cuenta de que estaba en un error y que debía volver a poner las cosas en orden. Anna sufrió mucho dolor y rechazo en ese tiempo. Hubo momentos en los que no estaba seguro si podríamos seguir adelante.

Pero durante ese doloroso proceso, Dios nos hizo a ambos consoladores y en nuestros momentos de mayor decaimiento él nos ministró de la manera más dulce. Algunas veces a través de amigos comprensivos, otras veces por medio de su Palabra. En muchas ocasiones hubo una paz inexplicable que inundaba mi alma. Dios era nuestro Consolador, nuestro Animador y, en un sentido literal, nuestro Salvador.

Hoy puedo sentir el dolor de un hombre o de una mujer que se sienta en mi oficina y llora. Puedo identificarme con el esposo que trata de cambiar desesperadamente pero que no está seguro en qué punto debe empezar. Sé por experiencia propia cómo es la frustración de una mujer que ama a su marido pero que siente que su amor no es correspondido. Y más importante que ser capaz de identificarme con el dolor, sé cómo consolarlos y no simplemente el darles un consejo.

El Dios de todo consuelo

Por mucho tiempo pensé que la habilidad de una persona para consolar a otra era simplemente producto de haber experimentado el sufrimiento. Pero noten qué es lo que el apóstol Pablo dice en su Carta a los Corintios:

> Alabado sea el Dios y Padre de nuestro Señor Jesucristo, Padre misericordioso y Dios de toda consolación, quien nos consuela en todas nuestras tribulaciones para que con el mismo consuelo que de Dios hemos recibido … Si sufrimos, es para que ustedes tengan consuelo y salvación; y si somos consolados, es para que ustedes tengan el consuelo que los ayude a soportar con paciencia los mismos sufrimientos que nosotros padecemos.
>
> —2 Corintios 1.3-4, 6

De acuerdo a Pablo, Dios no consuela al creyente simplemente por el hecho de ser creyente. Parte de la razón que tiene para consolarnos en los momentos de tribulación es para que podamos consolar a otros de una manera más eficaz. El apóstol se pone como ejemplo de alguien que les está dando a otros creyentes el mismo consuelo con el que Dios lo consolaba a él. Y continúa haciendo una fuerte afirmación en lo que respecta al propósito general del sufrimiento. Dice: «si somos atribulados, es para vuestra consolación». La implicación es que parte del *propósito* de la adversidad que él estaba enfrentando era para que estuviera mejor capacitado para consolar a los creyentes de Corinto. En otras palabras, Dios envió adversidad a su vida para hacerlo un consolador más efectivo. Eso era más que un producto del sufrimiento; era parte del propósito de Dios.

Lo que era verdad para el apóstol Pablo lo es también para todos los creyentes. Dios permite que la tragedia interrumpa nuestras vidas para poder consolarnos. Una vez que hemos tratado con nuestro dolor, él va a traer a alguien a nuestro camino con quien podamos identificarnos y, por lo tanto, podamos consolarlo. Aunque parezca extraño e innecesario superficialmente, esta es parte de la estrategia de Dios para hacernos madurar. Dios está formando consoladores. Y el mejor consolador es aquel que ha batallado con el dolor, o con tristezas de alguna especie, y ha salido victorioso de tal experiencia a través del consuelo de otra persona.

Define los términos

Consolar es «impartir fortaleza y esperanza». Por fortaleza quiero decir la fortaleza de Cristo. Porque como dije en un capítulo previo, Dios quiere utilizar la adversidad para enseñarnos a que nos apoyemos en él. El trabajo de un consolador, por tanto, es hacer que las demás personas dejen de apoyarse en su propia fortaleza y cambien a la de Cristo. Cuando hemos sido utilizados para hacer eso, hemos impartido fortaleza.

Cada vez que leo la biografía de un gran santo soy animado por la gracia de Dios a considerar a esa persona en los momentos de adversidad y de dificultad. Y me alejo pensando: *Si Dios sostuvo a ese individuo a través de esos problemas, también me va a sostener a mí.* De esa manera, el testimonio cumplió su fin: me impartió fortaleza. Me motivó a continuar adelante y a desistir de darme por vencido.

Impartir esperanza es capacitar a otros a que dejen de concentrarse en sus circunstancias inmediatas y orientarlos a las cosas eternas. Mucho de nuestro sufrimiento no va a ser completamente entendido o justificado en nuestras mentes hasta que veamos a Jesús. En su presencia todos los cabos sueltos se unirán. Todas las preguntas serán respondidas. El apóstol Pablo describió nuestra esperanza cuando escribió:

Por tanto, no nos desanimamos. Al contrario, aunque por fuera nos vamos desgastando, por dentro nos vamos renovando día tras día. Pues los sufrimientos ligeros y efímeros que ahora padecemos producen una gloria eterna que vale muchísimo más que todo sufrimiento. Así que no nos fijamos en lo visible sino en lo invisible, ya que lo que se ve es pasajero, mientras que lo que no se ve es eterno.

2 Corintios 4.16-18

¿Por qué es que Pablo no desmayó cuando enfrentaba grandes tribulaciones? Por la gloria eterna; aquello que no se veía. La esperanza de Pablo era aquello que todavía estaba por venir. Allí era donde encontraba un gran consuelo. De la misma manera ocurre con nosotros cuando surgen preguntas demasiado profundas por causa de la adversidad como para darles unas respuestas tan sencillas. No es solamente un «pretexto» el hablar de encontrar las respuestas cuando estemos en el cielo. Señalarle a una persona la eternidad no es un acto de desesperación y, ciertamente, no es el último recurso.

En las Escrituras, el regreso del Señor Jesucristo y su juicio final siempre son presentados como algo alentador para aquellos que están pasando por pruebas y dificultades. De hecho, Juan escribió todo el libro de Apocalipsis prensando en ese propósito. Los cristianos de su época estaban desesperados debido a la persecución física que estaba sufriendo en Roma. Conforme se hacía más fuerte la presión sobre ellos, el Espíritu Santo movió a Juan a que escribiera ese conmovedor relato de los últimos días. Con esa presentación de la caída de Satanás y el reino final de Cristo, los creyentes de sus días fueron animados a permanecer hasta el fin. ¡Juan les impartió esperanza!

La experiencia no es suficiente

El hecho de experimentar la adversidad no prepara automáticamente a la persona para que consuele a otros. Solo aquellos que han *recibido* consuelo son capaces de darlo. Consolar a alguien es más que decir: «Te entiendo» o «A mí me sucedió lo mismo». Pablo decía que consolaba a otros con el mismo consuelo que había recibido de Dios (ver 2 Corintios 1.4). Solo las personas que han permitido que Dios las consuele están listas para consolar a otros. *Tu respuesta a la adversidad determinará si Dios puede utilizarte o no para consolar a otros.* Muchos cristianos son sacados del camino cuando les llega la adversidad y, en vez de volverse a Dios para que los consuele, se alejan enojados. Cuando eso ocurre, ellos se pierden el propósito por el cual Dios permitió que les llegara la adversidad. Y no tan solo eso, sino que se descalifican a sí mismos como consoladores. Las personas que han estado almacenando ira en sus corazones no pueden consolar verdaderamente a nadie. Mientras su dolor no esté resuelto, no pueden impartir a otros la fortaleza de Cristo. Mientras estén sepultados por sus propias circunstancias no pueden ofrecer esperanza.

Los individuos que le han permitido (o que le están permitiendo) a Dios que vaya con ellos a través de las pruebas son aquellos que están preparados para consolar a otros. Esas personas han enfrentado sus problemas por completo, tomaron del poder de Cristo que tienen en su interior, colocaron todo en la perspectiva correcta y siguieron adelante. Esos hombres y esas mujeres están listos para consolar a otros.

Permítanme aclarar una cosa. Cuando me refiero a que los consoladores han resuelto su dolor, no quiero decir que nunca son molestados nuevamente por este. Conozco personas que son forzadas a tratar con ciertos malestares físicos todos los días de su vida. No estoy diciendo que tales individuos tienen que llegar al punto de tratar con su dolor de una vez por todas, ni tampoco quiero decir que no hay memorias dolorosas de las heridas pasadas. Aun hay cosas de mi niñez de las cuales me molesta hablar. Tanto los que tienen una adversidad continua como aquellos que sufrieron en el pasado, pueden ser utilizados por Dios si es que le han permitido (o en el momento le están permitiendo) que los consuele y fortalezca.

En busca de consoladores

Dios está en el proceso de convertirte en consolador. Él está estructurando tus experiencias de tal manera que te preparen para que ministres en la vida de alguien, como lo dice Edith Schaeffer en su libro *Affliction:*

> *Ninguno puede realmente consolar a otro a menos que haya tenido la misma clase de aflicción o un sufrimiento similar en el cual haya experimentado el consuelo del Señor.*

¿Estás ayudando al proceso tomando de su poder divino? ¿O estás trabajando en contra de él cuestionando su bondad y su amor? Resistirlo es perderte no solo la lección que quiere enseñarte, sino el ministerio que te está preparando en la vida de otra persona. No es cuestión de tener las palabras correctas para consolar. Ni tampoco es haber experimentado el mismo dolor o sufrimiento. Un consolador es aquel que ha conocido el dolor, pero junto con el dolor está la consoladora gracia de Dios que ministra fortaleza y esperanza para poder seguir adelante.

En mi libro *How to Keep Your Kids On Your Team* utilizo una ilustración que creo que es adecuada para repetir aquí. Es una figura exacta de la actitud que debemos tener hacia las adversidades que enfrentamos a la luz del deseo de Dios de hacernos consoladores a cada uno de nosotros.

Un granjero tenía unos perritos que necesitaba vender. Pintó un anuncio y se fue a clavarlo a la orilla de su patio. Cuando estaba colocando el último clavo, sintió un jalón en sus pantalones. Y vio a un niño parado frente a él.

—Señor —le dijo—, quiero comprar uno de sus perritos.

—Bien —dijo el granjero, conforme se secaba el sudor del cuello—, estos perritos vienen de unos padres finos y cuestan una buena suma de dinero.

El niño bajó su cabeza por unos momentos. Después, metiendo la mano en su bolsillo, sacó un montón de monedas y estiró la mano para dárselas al granjero.

—Tengo treinta y nueve centavos, ¿es suficiente para que les eche un vistazo?

—Seguro —dijo el granjero. Y con eso dejo escapar un silbido—. ¡Ven Dolly!».

Y de la perrera salió Dolly seguida por cuatro bolitas de pelo. El pequeño colocó su carita contra la cerca de metal. Sus ojos bailaban de alegría.

A medida que los perros se acercaban a la cerca, el pequeño notó que algo más se movía dentro de la perrera. Lentamente apareció otra bolita; esta era notablemente más pequeña. Se deslizó por la rampa y de una manera un poco rara, el pequeño cachorro empezó a avanzar hacia los demás, haciendo lo mejor posible por alcanzarlos, obviamente era el sobrante de los demás.

—Quiero ese —dijo el pequeño, señalando al último.

El granjero se hincó al lado del niño y le dijo:

—Hijo, tú no quieres a ese cachorro. Él nunca podrá correr y jugar contigo como los demás perros.

El niño se alejó un poco de la cerca y empezó a subirse el pantalón de una de sus piernas. Al hacer eso mostró un soporte de metal a ambos lados de su pierna que se unían a un zapato especial. Viendo al granjero le dijo:

—¿Ve, señor?, yo tampoco puedo correr bien y él necesitará a alguien que lo entienda.

Amigo, el mundo está lleno de personas que necesitan de alguien que las entienda. Ese es el ministerio al cual Dios nos ha llamado a cada uno de nosotros.

Capítulo 13

No yo, sino Cristo

Cuando nuestros hijos estaban en la escuela primaria, Anna y yo decidimos que era tiempo de enseñarles a que tomaran decisiones por sí mismos. Empezamos con cosas pequeñas, como qué ropa ponerse, dónde debía comer la familia y a dónde deberíamos ir de vacaciones. De vez en cuando, sin embargo, nuestro sistema tenía tropiezos. Como la mayoría de los niños, nuestros hijos tenían un deseo muy grande de complacer a papá y a mamá, quiero decir, la mayoría de las veces. Por consiguiente, había ocasiones en que dejábamos algunas decisiones en sus manos y su respuesta era: «¿Qué quieren que hagamos?». Y nuestra tendencia natural era decírselos. Pero nos dimos cuenta de que al hacerlo de esa manera, simplemente estábamos interfiriendo en su habilidad para tomar decisiones. Tratábamos de mantenernos involucrados en el proceso de tomar las decisiones, pero les permitíamos que tomaran la decisión final.

A menudo eso creaba una situación frustrante para los niños. Y uno de ellos preguntaba: «¿Por qué no me dicen solamente lo que quieren que haga?», y le respondíamos: «Queremos que aprendas a tomar decisiones por ti mismo». Y nuestro hijo respondía: «No quiero tomar decisiones, quiero hacer lo que ustedes quieran que yo haga».

Cuando pienso en ese intercambio de palabras que de alguna manera era gracioso, me recuerda la relación que tenemos con nuestro Padre celestial. La razón por la cual fuimos a través de las cosas más sencillas una y otra vez con nuestros hijos, es la misma que nos confunde por lo mucho que permite nuestro Padre.

Tenemos diferentes metas. Anna y yo estábamos tratando de preparar a nuestros hijos para la vida. Ellos solo querían dirección. Haberles dado siempre las respuestas les hubiera facilitado las cosas, pero a la larga habría sido una limitación. De cualquier manera siempre habría un conflicto. Si en ese entonces los niños hubieran entendido qué tan importante era aprender a tomar decisiones, y si de alguna manera, los pequeños, hubieran podido desarrollar la misma clase de perspectivas y de metas que Anna y yo teníamos, todas las cosas alrededor de nosotros hubieran sido más fáciles.

Nuestras metas y perspectivas de la vida determinarán nuestra respuesta a la adversidad. Si tu meta final en la vida tiene algún conflicto con la de nuestro Padre celestial, la confusión va a ser inevitable. En algún momento él va a estructurar tu experiencia de tal manera que parezca que está trabajando en contra tuya y no a tu favor. Tu reacción natural es que te preguntes si te está poniendo atención o si acaso se ha olvidado de ti. Pero en realidad, solo está involucrado en la próxima etapa de tu desarrollo. Lo que es un proceso para él, es muy probable que a ti te de la apariencia de abandono.

Hace unas semanas estaba hablando con una dama de nuestra iglesia que está acudiendo a sesiones de quimioterapia. Como resultado, ha perdido todo su cabello. Después de cada tratamiento, se pasa quince o dieciséis horas vomitando. No tiene energía, todas las áreas de su vida han sido afectadas. ¿Cuál es su respuesta?

Pastor, pensé que era seguro que iba a poder ministrarles a los pacientes en la sala de espera. Pero ahora me doy cuenta de que es a mi enfermera a la que Dios le quiere hablar. Ella no puede imaginarse cómo es que mi esposo y yo tenemos una buena actitud hacia todo lo que estamos pasando. Tuvimos una maravillosa oportunidad de explicarle cómo utiliza Dios a aquellos con una profesión médica como sus herramientas mientras él es el que está realmente sanando.

Me quedé asombrado. No había amargura. No había dudas. Solamente, una fe pura como la de un niño en el hecho de que Dios aún tenía el control. Su perspectiva estaba entonada con la de su Padre celestial. Ella estaba buscando cuál era el bien que sin duda iba a traer a través de todo ese dolor. No negaba el dolor y el temor ocasional que a veces sentía. Pero se negaba a dejar que tales pensamientos permanecieran ahí. En vez de eso, ella buscaba ver cómo estaba obrando la mano de Dios en medio de su adversidad, de la misma manera que había buscado la misma mano en los momentos de salud y de prosperidad. Nuevamente, tus perspectivas y metas en la vida van a determinar tu respuesta a la adversidad.

¿Cuál es el caso?

Como ya lo he afirmado, la meta que Dios tiene para ti y para mí no es la tranquilidad, la comodidad o el placer. Ni tampoco es el hecho de que sencillamente evitemos la condenación eterna. Muchos cristianos creen, sin embargo, que estas dos ideas son el resumen de la voluntad de Dios para nuestras vidas. Escuchen sus oraciones. Están llenas de referencias a la salud, la protección, la guianza y la seguridad. Y para acabar con su oración dicen: «Señor, acompáñanos cuando salgamos de este lugar».

¿Qué es lo que piensan que el Señor va a hacer? ¿Acaso se va a quedar allí esperando hasta que regresen otra vez? Nuevamente, la implicación es: «Señor, sabemos que tu preocupación número uno es nuestra seguridad, salud y protección. Ve ahora con nosotros y cuídanos».

En los últimos capítulos he discutido varias razones por las cuales Dios permite la adversidad. Se puede pensar de cada uno de ellos como si fueran los rayos de una rueda. En este capítulo quiero concentrarme en el centro de esa rueda. ¿Qué es lo que Dios está tratando de hacer realmente con todo esto? ¿Por qué es que tenemos que tratar con nuestro orgullo e independencia? ¿Por qué tiene que disciplinarnos? ¿Por qué hacernos mejores consoladores? La respuesta regresa nuevamente a la meta que Dios tiene para sus hijos. El apóstol Pablo describe esa meta de la siguiente manera:

Alabado sea Dios, Padre de nuestro Señor Jesucristo, que nos ha bendecido en las regiones celestiales con toda bendición espiritual en Cristo. Dios nos escogió en él antes de la creación del mundo, *para que seamos santos y sin mancha delante de él.*

—Efesios 1.3-4, énfasis mío.

¿Cuál es la meta que Dios tiene para nosotros? Que seamos «santos» y «sin mancha». Pablo hizo una afirmación similar en Colosenses:

En otro tiempo ustedes, por su actitud y sus malas acciones, estaban alejados de Dios y eran sus enemigos. Pero ahora Dios, *a fin de presentarlos santos, intachables e irreprochables* delante de él, los ha reconciliado en el cuerpo mortal de Cristo mediante su muerte, con tal de que se mantengan firmes en la fe, bien cimentados y estables.

—Colosenses 1.21-23, énfasis mío.

Y lo vuelve a hacer en Romanos:

Porque a los que Dios conoció de antemano, también los predestinó a ser transformados *según la imagen de su Hijo,* para que él sea el primogénito entre muchos hermanos.

—Romanos 8.29, énfasis mío.

La meta final de Dios es que nos *transformemos* a la «imagen» de su Hijo, en otras palabras, a la semejanza de Cristo. Para eso fuimos hechos. Pero, ¿qué significa eso? He escuchado decir que a la semejanza de Cristo es sencillamente el hacer lo que Cristo haría en determinada situación. De la misma manera, algunos dicen que es cuestión de imitar a Cristo. Creo que hay un lugar para esta clase de pensamiento en la vida cristiana. Pero a lo que se refiere aquí el apóstol Pablo es mucho más profundo. Una persona perdida podría imitar a Cristo. Muchos hombres y mujeres morales han vivido sus vidas de tal manera que avergüenzan a los cristianos; sin embargo, nunca han puesto su fe en Cristo. Ciertamente no fueron santos y sin mancha delante de Dios. Entonces, ¿a qué se refiere Pablo?

Imitación o aceptación

La meta de Dios no es meramente que imitemos la vida de Cristo. Su deseo es que la vida de Cristo sea vivida a través de nosotros. La diferencia es la siguiente: podemos hacer muchas cosas buenas, a semejanza de Cristo y aun estar controlados por el «yo». Piensen en los motivos por las cuales hacemos cosas a «semejanza de Cristo». Oramos cuando tenemos una necesidad. Leemos la Biblia para que nos consuele o para que nos dirija. Somos amables con las personas para que sean amables con nosotros. Damos porque el predicador nos pide que lo hagamos. Testificamos cuando estamos altamente motivados. Asistimos a la iglesia por costumbre. ¿Se parece eso a Cristo? Sin embargo, todas esas actividades son cosas que él hizo cuando estuvo en la tierra. Algo está equivocado.

El problema es que podemos ser controlados completamente por el «yo» y, sin embargo, estar ocupados en la «obra del Señor». Rara vez nos tomamos el tiempo necesario para ver debajo de la superficie a fin de examinar por qué hacemos lo que hacemos y en la fuerza de quién estamos operando. Piensa en tus oraciones. ¿En quién se centran? A menudo es en el «yo». Dios se convierte en el medio para llegar a un fin. En vez de involucrarnos en el plan de Dios, gastamos nuestras energías tratando de que él se involucre en lo que es importante para nosotros: prosperidad, paz, aceptación y un sin fin de cosas más. Como resultado, nos volvemos bastante religiosos; pero no a la semejanza de Cristo. ¿Recuerdan cómo oró Cristo? «*Hágase tu voluntad*, en la tierra como en el cielo». ¿Cuándo fue la última vez que hiciste una oración semejante a esa que tuviera un final abierto? «Señor, lo que quieras hacer, hazlo. De la manera que me quieras utilizar, utilízame. Cualquier cosa que quieras hacer a través de mí, ¡Hágase tu voluntad!». Al «yo» no le gustan las oraciones parecidas a esta última. Hay mucho que perder, hay demasiado sacrificio involucrado. El «yo» siempre tiene un plan que lo beneficia a sí mismo.

El plan de Cristo era complacer al Padre y hacer su voluntad a cualquier costo. En vísperas de su muerte lo encontramos diciendo:

«Padre mío, si es posible, no me hagas beber este trago amargo. Pero no sea lo que yo quiero, sino lo que quieres tú».

—Mateo 26.39

Esa es la actitud que Dios quiere desarrollar en cada uno de sus hijos. Una completa rendición a la voluntad de Dios que no ha sido anunciada. Una actitud que diga: «Sí, sí, sí. ¿Qué es lo que quieres que haga?». Ser a la semejanza de Cristo no se trata de el «yo» disfrazado de actividades que son a la semejanza de Cristo. Es una vida que fluye de la vida de Cristo mismo conforme él vive en el creyente.

¿Adversidad?

En estos momentos tal vez te estés preguntando qué tiene que ver todo esto con la adversidad. Dios no está satisfecho con un «yo» bien educado y respetable en el trono de nuestras vidas. Él quiere sacar todo el «yo» para que podamos ser presentados a Cristo santos y sin manchas. Una de las maneras en que Dios hace eso es enviando adversidades a nuestras vidas. La adversidad nos mueve y hace que veamos la vida de manera distinta. Somos forzados a tratar con todas las cosas a un nivel más profundo. Nada le hace ahondar más al «yo» que el sufrimiento. Y una vez que nuestra máscara religiosa se empieza a adelgazar, Dios entra y empieza a enseñarnos de lo que realmente se trata el ser a la semejanza de Cristo.

Muerte del «yo»

La meta de Dios para el «yo» está claramente descrita en la Escrituras. El apóstol Pablo lo resumió de la siguiente manera:

> He sido crucificado con Cristo, y ya no vivo yo sino que Cristo vive en mí. Lo que ahora vivo en el cuerpo, lo vivo por la fe en el Hijo de Dios, quien me amó y dio su vida por mí.
>
> —GÁLATAS 2.20

Dios quiere crucificada la vida del «yo». No lo quiere bien vestido, bajo control, decorado ni ordenado. Lo quiere crucificado. Pablo dijo que de cierta manera él estaba crucificado con Cristo y que la vida que vivía ya no era la suya. Esto es, la vida expresada a través de él no era el «yo» tratando de imitar a Cristo; sino que Cristo, estaba viviendo a través de él. La vida de Jesucristo estaba siendo expresada a través de su cuerpo, a través de su carne y de su sangre. Describió la misma experiencia un poco diferente en Romanos:

> ¿Acaso no saben ustedes que todos los que fuimos bautizados para unirnos con Cristo Jesús, en realidad fuimos

bautizados para participar en su muerte? Por tanto, mediante el bautismo fuimos sepultados con él en su muerte, a fin de que, así como Cristo resucitó por el poder del Padre, también nosotros llevemos una vida nueva. Sabemos que nuestra vieja naturaleza fue crucificada con él para que nuestro cuerpo pecaminoso perdiera su poder, de modo que ya no siguiéramos siendo esclavos del pecado; porque el que muere queda liberado del pecado.

—Romanos 6.3-4, 6-7

Pablo dice que nuestro «viejo yo» fue crucificado con él. Como resultado ahora tenemos el privilegio de andar en «una vida nueva». ¿De quién es esa vida? La vida de Cristo. *El ser a la semejanza de Cristo no es simplemente la imitación de una vida, es aceptar una nueva vida, ¡la vida de Cristo!*

Esta es la experiencia a la cual Dios quiere traer a todos sus hijos; a una identificación personal con Cristo, en específico, la muerte y la resurrección de Cristo. Finalmente, eso es llevado a cabo día tras día por medio de la fe. Los creyentes van a través de sus responsabilidades diarias confiando en que Cristo se va a expresar mediante su personalidad.

Vuelve a la pizarra

Muchos creyentes ignoran esta doctrina. Una vez que confían en Cristo como su Salvador, inmediatamente tratan de cristianizar al «yo». Por consiguiente, muchos cristianos bien intencionados se pasan años tratando de hacer que el «yo» se parezca y actúe como Cristo. Acumulan montones de buenas obras. Añaden horas y horas de oración. Todo eso es fortalecido con sermones, seminarios, discos y libros.

En muchas áreas están obstaculizando la voluntad de Dios para sus vidas. Tarde o temprano, por causa de su decisión inmutable de terminar lo que ha empezado en nosotros, Dios empieza a quitar capa tras capa del «yo». Por lo general, este es un proceso doloroso porque implica revelar lo inadecuado del «yo». Eso significa fracasar en aquellas cosas que una vez consideramos nuestro fuerte. A menudo ese proceso implica quitar la confianza en nosotros mismos. Algunas veces Dios entra en el «yo» a través de las finanzas de la persona. Otras veces lo hace mediante la salud. Todos somos diferentes. Y el «yo» de cada vida tiene su propia apariencia. Pero Dios sabe cómo quitar esas capas del «yo» para forzar a sus hijos a que traten con sus vidas cristianas a un nivel completamente diferente. El «yo» siempre tiene un talón de Aquiles. Y Dios sabe en dónde se encuentra.

Perder para ganar

A través de los años, he observado a Dios eliminando de manera radical el «yo» de algunos amigos. Aunque sus circunstancias difieren, el patrón de alguna manera es el mismo. Ahora mismo Dios está en el proceso de quebrantar a un hombre que trabaja en nuestro departamento de mantenimiento. Cuando conocí a Phillip por primera vez, estaba a unos días de convertirse en una de las muchas personas indigentes que hay en Atlanta. Había llegado al final de sus recursos financieros y no tenía ningún lugar al cual ir sino a la calle. En algún momento fue un hombre de negocios con éxito. Lentamente su suerte se volvió amarga.

Primeramente, perdió su negocio. Después, se fue a trabajar para una compañía haciendo el mismo tipo de trabajo en el cual había tenido éxito por años. Falló de una manera miserable y fue despedido. Como resultado de su situación financiera, su esposa lo dejó y se fue a vivir a otro estado. Phillip regresó el automóvil de la compañía, empacó sus pocas pertenencias y llegó a Atlanta de un aventón tras otro. Hasta el momento, no sabe por qué escogió nuestra ciudad.

Hallamos un lugar en donde Phillip pudiera vivir y le dimos un empleo. Después de hablar con él en varias ocasiones, me di cuenta de que estaba sufriendo una profunda depresión por causa de todo lo que le había sucedido. También observé la mano de Dios obrando en la vida de Phillip. Dios estaba llevando el «yo» a la cruz. Cada vez que me cruzaba con Phillip en los pasillos, le preguntaba cómo se sentía. Durante los primeros dos meses me decía lo enojado y frustrado que se encontraba. «No sé cuánto más podré soportar. Parece que no puedo hacer nada bien. Antes era encargado de edificios el doble del tamaño de este y aquí estoy haciendo el mismo tipo de trabajo que hace diez años».

En los meses siguientes, Dios empezó a transformar a Phillip. Por medio de sesiones de consejería empezó a entender lo que significaba identificarse con la muerte de Cristo. Comenzó a entender que se le había dado una vida nueva. En ocasiones, mientras lo observaba, sonreía y decía: «Todavía no entiendo todo esto pero, por fe, Cristo es mi vida».

Después escuché que la esposa de Phillip había llamado y dicho que nunca iba a regresar. Yo sabía que eso lo iba a destruir. Habíamos estado orando para que Dios suavizara su corazón, pero ahora parecía que no había más esperanzas.

Encontré a Phillip ocupado en su trabajo cerca de la cocina, puse mi brazo alrededor de él listo para proveer el consuelo que imaginé que iba a necesitar. Pero la mirada en su rostro me comunicaba una historia completamente diferente. Dijo: «Ahora lo entiendo, Cristo es mi vida, aún no acabo de entenderlo todo, pero alabado sea Dios, no tengo que entender todo para experimentarlo». Le pregunté cómo se encontraba debido a la conversación que había tenido con su esposa. «Estupendamente», me respondió. «No sé por qué, pero estoy bien, ahora todo está en las manos del Señor, él es mi vida».

Solo Dios sabe qué es lo que va a suceder con el matrimonio de Phillip. Su esposa no ha variado su posición. Pero Phillip va a salir adelante. En nuestra última conversación admitió que nunca habría llegado a entender su unión con Cristo si no hubiera perdido todo aquello de lo cual dependía.

El camino de la cruz

«Así que», se preguntarán, «¿acaso puede venir una persona a la cruz sin que su vida sea destrozada?». Absolutamente. El camino a la cruz no es el mismo para todos. Para algunos es mucho más fácil que para otros. Lo que tenemos que recordar es que llevar al «yo» a la cruz es la primera meta de Dios en lo que concierne a su santificación. Una vez que él empieza, no va a detenerse hasta que el «yo» sea destronado y crucificado. Hasta entonces, y solo hasta entonces, estarás libre para experimentar la misma vida de Cristo fluyendo a través de tu personalidad. Toda tu experiencia cristiana será radicalmente diferente. Dios ya no va a ser el medio para llegar a un fin; él se convertirá en ese fin. Conocerle será suficiente.

La idea de la entrega total no te dejará paralizado de temor. Al contrario, se convertirá en el desafío más emocionante de tu vida. Cada día traerá nuevas oportunidades para que la vida del Salvador sea derramada a través de ti. «Una vida nueva» no será solamente un concepto teológico; sino que será tu experiencia. El cristianismo nunca pretendió ser un método de autoayuda. Dios no está interesado en mejorar el «yo»; lo que a él le interesa es crucificarlo.

Amigo, ¿te está llevando Dios a la cruz? Si es así, ¿está teniendo que arrastrarte y estás dando gritos y patadas o estás yendo en forma voluntaria? Rehusar entregarte solo prolongará el dolor. Recuerda, aquel que ha ingeniado lo que parecen ser unas condiciones insoportables, es el mismo que entregó a su Hijo unigénito por tus pecados. Por mucho que parezca que él se ha puesto en tu contra, eso no es cierto. La situación puede compararse con la del padre terrenal que está listo para sacar unas astillas de vidrio del pie de su hijo. Si se apresura haría la herida más grande. El llorar en son de protesta solo retardaría lo inevitable.

En su obra clásica *Mero cristiano*, C. S. Lewis afirma lo siguiente acerca de Cristo y la vida del «yo»:

> *Lo más terrible, lo que es casi imposible de hacer, es entregar todo tu «yo», todos tus deseos y todas tus defensas, a Cristo. Pero esto es mucho más fácil que lo que nosotros queremos hacer. Porque nuestra intención es permanecer siendo lo que llamamos «nosotros mismos», para quedarnos con nuestra propia felicidad como la meta principal en la vida; sin embargo, al mismo tiempo queremos ser «buenos». Todos estamos tratando de que nuestro corazón y nuestra mente vayan por donde quieran, centrados en el dinero, el placer o las ambiciones, y deseando, a pesar de eso, comportarnos honesta, casta y humildemente. Y eso es exactamente lo que Cristo nos advirtió que no podíamos hacer cuando dijo: Un espino no puede producir higos. Si soy un campo que no contiene otra cosa sino semilla de césped, no puedo producir trigo. Recortar el césped puede mantenerlo corto: pero seguiré produciendo césped, no trigo. Si quiero producir trigo, el cambio tiene que ser más allá de lo superficial. Debo ser arado y vuelto a sembrar.*

¿Está Dios en el proceso de arar tu vida? Si es así, no te resistas, tu Padre celestial te ama demasiado y ha pagado un alto precio como para dejar que tomes tu propio camino. Él quiere que llegues al final de ti mismo. Quiere que admitas la derrota. Quiere que le confíes tu vida, tu futuro, tus posesiones, tus relaciones, todo tu yo. Y entonces, cuando pienses que todo se ha perdido, quiere reemplazar lo que ha tomado, no con más cosas, sino con él mismo. C. S. Lewis interpretó el intento de Dios de esta manera:

> *Entrega todo el «yo» natural, todos los deseos que creas que son inocentes así como aquellos que sean malos, entrega toda la vestimenta. En lugar de eso te entregaré un nuevo «yo». De hecho, te voy a dar a mí mismo.*

¡Amén!

Capítulo 14

La historia de
un hombre

En general desconfiaba de las autobiografías. Es casi imposible interpretar las experiencias que uno tiene con la debida objetividad. La historia de un individuo descrita por alguien que conocía a esa persona casi siempre ofrece una imagen más realista. Por el otro lado, una vez que he sido expuesto y animado por la experiencia de otro de la manera que se le describe en una biografía, a menudo desearía poder tener una entrevista personal y una oportunidad de saber por mí mismo, qué motivaba a esa persona y cuáles fueron los pensamientos que tuvo durante tales circunstancias tan desafiantes por las que cruzó y como trató con los éxitos y con los fracasos.

Después de leer la biografía de C. T. Studd, tenía un gran deseo de saber cómo trató la soledad al estar separado de su esposa todos esos años mientras servía a Dios en otro continente. Pienso en Jim Elliot y el valor que mostró al enfrentar a los indios aucas. ¿Qué pasó por su mente en los momentos anteriores a su muerte por mano de aquellos a los cuales había ido a servir?

La situación ideal sería tener una biografía escrita por un observador objetivo junto con un comentario autobiográfico de lo que el personaje estaba sintiendo y pensando en los sucesos de su vida. Con dos relatos tendríamos un escrito histórico digno de confianza al igual que una penetración personal en ese individuo.

Una situación ideal

Dios ha sido benévolo y nos ha provisto un relato ideal. En el libro de los Hechos, Lucas nos narra los problemas y las tribulaciones de Pablo. Él fue compañero del apóstol y, a través del libro, Lucas se refiere a «nosotros» cuando habla de los acontecimientos que Pablo enfrentó (ver Hechos 16.10-17; 20.5-21; 27.1-28.16). Lucas acompañó a Pablo a Macedonia. Él tenía a su cargo el trabajo en Filipos. Finalmente, terminó con el apóstol Pablo en Roma mientras este permanecía bajo arresto domiciliario. Fue tal vez durante ese período que escribió el libro de los Hechos.

Cuando Pablo habla de aflicciones, pruebas y persecuciones, no es solo su palabra la que tenemos que aceptar. Lucas fue testigo presencial de mucho de lo que Pablo afirma que experimentó; además, no había ninguna razón para que él mintiera. Lucas fue motivado a escribir estas cosas para que hubiera un registro histórico exacto (ver Lucas 1.1-4). A la luz de todo ello, podemos confiar que fueron reales todos los sufrimientos que Pablo afirma que padeció.

Pero eso es solo la mitad de las buenas noticias. No solo nos ha provisto Dios el relato de un testigo de las tribulaciones de Pablo, sino que nos ha permitido tener un comentario de esos mismos sucesos hecho por Pablo. No tenemos que preguntarnos *por qué* Pablo soportó tales cosas. No se nos deja especular en lo que respecta a *cómo* permaneció fiel a través de diversas pruebas ni tampoco se nos forza a depender totalmente de las interpretaciones de otra persona con respecto a las batallas internas de Pablo en el dolor y en el sufrimiento. Tenemos su testimonio personal.

Deberíamos aprovechar esta única combinación de documentos que está en nuestro poder y sacar toda la verdad que podamos en lo que concierne a la adversidad. En Pablo, tenemos a un hombre que sufrió extensamente en todos los niveles, sin embargo permaneció fiel hasta el final, algo que aún no se puede decir de ti o de mí.

¿Qué tenía que decir Pablo con respecto a la adversidad? ¿Qué fue lo que aprendió? ¿Cuál era su secreto? ¿Cómo es que seguía animándose cuando la mayoría de los hombres se habrían dado por vencidos? La respuesta a casi todas estas preguntas puede encontrarse en una sección de la segunda carta de Pablo a la iglesia de Corinto:

Para evitar que me volviera presumido por estas sublimes revelaciones, una espina me fue clavada en el cuerpo, es decir, un mensajero de Satanás, para que me atormentara. Tres veces le rogué al Señor que me la quitara; pero él me dijo: «Te basta con mi gracia, pues mi poder se perfecciona en la debilidad.» Por lo tanto, gustosamente haré más bien alarde de mis debilidades, para que permanezca sobre mí el poder de Cristo. Por eso me regocijo en debilidades, insultos, privaciones, persecuciones y dificultades que sufro por Cristo; porque cuando soy débil, entonces soy fuerte.

—2 Corintios 12.7-10

De todos los conflictos y abusos que sufrió Pablo, su «espina en el cuerpo» fue lo que más le molestó. Como se afirmó anteriormente, nadie sabe a qué se está refiriendo Pablo al decir eso. Algunos dicen que era su esposa. Otros dicen que eran las tentaciones sexuales. Yo creo que debió ser alguna clase de problema físico. El término mismo se utiliza en la literatura del mismo período para referirse a una fractura. Cuando se utiliza de manera figurada, se refiere a cualquier cosa que es un tormento constante. En el contexto de la discusión de Pablo, esto puedo haber sido algo en lo que se subestimaba. Aunque su espina era constante, era algo más que un tormento pequeño. La espina de Pablo era motivo de gran preocupación.

Los descubrimientos de Pablo

Como hemos observado en capítulos previos, Dios decidió no quitarle esa espina, por lo que el apóstol aprendió a vivir con ella. En el proceso, sin embargo, Pablo hizo unos descubrimientos asombrosos con respecto a la adversidad, lo cual lo capacitó no solamente para sobrevivir ante sus circunstancias, sino para «gloriarse» en ellas y salir victorioso. Así que, ¿qué fue lo que descubrió Pablo?

1. Hay un propósito divino detrás de toda adversidad.

Para evitar que me volviera presumido por estas sublimes revelaciones, una espina me fue clavada en el cuerpo.

—2 Corintios 12.7, énfasis mío.

Pablo entendió que Dios siempre utilizaba la adversidad para favorecer su causa; siempre tenía un propósito. En los capítulos anteriores examinamos con detalles varios de los propósitos de Dios al permitir que la adversidad afecte nuestras vidas. Por desdicha, no siempre son fáciles de identificar y, a menudo, hay una separación entre nuestra experiencia y nuestro entendimiento. Pueden pasar días, semanas, años y algunas veces toda una vida sin saber cuál es el propósito de Dios.

Job se fue a la tumba sin saber por qué sufrió. Pablo dice que cuestionó al Señor tres veces antes de recibir una contestación. De la manera que se lee el versículo, parece como si Pablo se lo hubiera pedido una vez por la mañana, otra vez después del almuerzo y una vez más por la noche. Pero no sabemos cuánto tiempo pasó entre sus peticiones. Al igual que nosotros, Pablo conoció la frustración de tratar de mantener la fe en Dios mientras que al mismo tiempo se preguntaba por qué no le respondía.

Lo que Pablo aprendió, y lo que nosotros también debemos aprender, es que cuando Dios no remueve nuestra «espina», es por alguna razón. Dios no nos haría sufrir nada más por que sí. Siempre hay un propósito.

2. Dios puede decidir revelarnos el propósito de nuestra adversidad.

En el caso de Pablo, Dios decidió indicarle por qué le había dado esa «espina». Era para que no se volviera orgulloso. Es interesante que Dios no le revela esto a Pablo la primera vez que él oró. Hay una razón para ello. Noten que Pablo dijo: «Tres veces le rogué al Señor que me la quitara». Pablo ni siquiera le preguntó *por qué.* Él estaba pidiendo que se la quitase.

No es poco común que Dios revele la razón del sufrimiento. Él le reveló a Moisés la razón por la cual no le permitió entrar a la tierra prometida. Dios le dijo a Josué por qué él y su ejército, habían sido derrotados en Hai. Jesús les dijo a sus discípulos que podían esperar problemas y el porqué. Juan escribió a las iglesias de su tiempo y les explicó por qué estaban experimentando pruebas. Y Santiago utilizó la primera parte de su epístola para explicar por qué sufrían los creyentes de su época. Dios no está necesariamente callado respecto a la pregunta *por qué.* Pero responde de acuerdo a su tiempo, el cual generalmente está un poco detrás del nuestro.

3. Dios nunca nos reprocha por preguntar por qué o por pedir que la adversidad sea quitada.

No hay ninguna evidencia de que Dios le haya reprochado a Pablo por haber pedido que su «espina» fuera eliminada. Dios entiende nuestras debilidades. Espera que clamemos a él cuando estemos experimentando dolor o frustraciones. Desea que echemos nuestras ansiedades sobre él. ¿Por qué? Porque al hacerlo así estamos expresando fe, y la fe es el fundamento de nuestra relación con él.

Pablo no fue el primero que le pidió ayuda a Dios. Su propio Hijo se encontró sufriendo un dolor y un rechazo de lo peor. A su manera, él también pidió que su espina fuera sacada, la cruz.

> Yendo un poco más allá, se postró sobre su rostro y oró: «Padre mío, si es posible, no me hagas beber este trago amargo. Pero no sea lo que yo quiero, sino lo que quieres tú».
> —MATEO 26.39

No tienes que sentir culpa por pedirle a Dios que quite la adversidad de tu vida. Él espera que lo hagas. Al mismo tiempo, como hemos visto, tu pregunta puede no ser contestada de la manera o en el momento que tú preferirías. Sin embargo, debes pedir, porque fue durante el proceso de la petición que Pablo recibió palabra de Dios.

De la misma manera, tampoco deberíamos temer preguntarle a Dios *por qué*. Muy a menudo escucho decir a las personas: «No le estoy preguntando a Dios por qué ha permitido esto; solo estoy confiando en que él tiene el control». Entiendo la motivación detrás de tal frase. Se dice como una expresión de fe y de confianza en la soberanía y la presencia de Dios; es más, nunca diré que está equivocado un individuo por su fe. Pero en ningún lugar de las Escrituras se nos amonesta a que nos refrenemos de preguntar el *porqué* de las cosas. Como ya lo hemos visto, hay muchos ejemplos en las Escrituras en los Dios estuvo muy dispuesto a responder las preguntas.

Santiago, de hecho, instruye a los creyentes para que le pidan a Dios una respuesta a la pregunta del *por qué*. Después de animar a sus lectores a que se concentren en la manera como Dios está utilizando la adversidad en sus vidas, les dice:

> Si a alguno de ustedes le falta sabiduría, pídasela a Dios, y él se la dará, pues Dios da a todos generosamente sin menospreciar a nadie.
>
> —Santiago 1.5

En efecto, lo que está diciendo es: «Si en medio de estas pruebas tienes alguna pregunta, ve y pregúntale a Dios». Y noten la segunda mitad: «el cual da a todos abundantemente y *sin reproche*». Dios es un Dios generoso. Y no tan solo eso, él no se va a molestar si le preguntamos por lo que está sucediendo.

La pregunta *por qué* se convierte en un problema cuando se plantea con duda. Esto es, cuando asumimos que por el hecho de no ver ningún propósito en el sufrimiento, entonces no hay ninguno. Al que pregunta *por qué* desde ese punto de referencia, Santiago le dice:

Quien es así no piense que va a recibir cosa alguna del Señor; es indeciso e inconstante en todo lo que hace.

—SANTIAGO 1.7-8

De la misma manera que un padre terrenal desea consolar a sus hijos en los momentos de dificultad, así nuestro Padre celestial desea consolarnos. Y cuando en su sabiduría cree que la respuesta a la pregunta del por qué debe saberse, él la revela.

4. La adversidad puede ser un regalo de Dios.
Cuando meditamos en la adversidad, a menudo nos apresuramos a pensar que es algo que Dios nos está haciendo. Nuestras oraciones reflejan esa actitud: «Señor, ¿por qué me sucede *a* mí esto?». «Padre, ¿Por qué permites que me suceda *a* mí lo otro?». Oraciones como estas revelan la convicción que sentimos en nuestro corazón: la adversidad, por buena que sea, ¡es mala! Y por eso es vista como algo que nos sucede solo *a* nosotros.

Pablo no lo veía de esa forma, de ninguna manera. Observa su fraseología cuando se refiere a la espina que tenía clavada en su cuerpo:

Para evitar que me volviera presumido por estas sublimes revelaciones, una espina me fue *clavada* en el cuerpo.

—2 CORINTIOS 12.7, énfasis mío.

Pablo tenía la fe para creer que esa constante irritación era un regalo. Pero, por muy piadoso que fuera el apóstol, dudo que su actitud haya sido tan positiva desde el principio. Sin embargo, a medida que fue entendiendo lo que Dios estaba haciendo en su vida, su actitud empezó a cambiar. Y en el proceso logró ver a su espina por lo que era: un regalo. Lo consideró un obsequio porque fue a través de esa irritación que Dios protegió a Pablo de la cosa que él más temía: no estar calificado espiritualmente (ver 1 Corintios 9.27).

Pablo tenía un deseo ardiente: terminar bien, concluir el curso que Dios le había puesto. Él sabía —porque observaba a otras personas que sufrían algo parecido— que nada destruye tan rápidamente la efectividad de una persona, en cuanto a su servicio a Dios, como el orgullo; por eso, en verdad, esa espina era un *regalo* de Dios. Él podía verlo, con toda sinceridad, como algo que Dios hizo *por él;* más que algo que Dios le estaba haciendo *a* él.

5. Satanás puede ser el agente de la adversidad.
Es cierto, a estas alturas, las cosas se vuelven confusas. Pablo acaba de decir que Dios era el que había arreglado que él viviera con esa espina clavada en su cuerpo. Después explicó que realmente era un regalo a la luz del resultado intencionado. Cuando justamente las cosas empezaban a cobrar sentido, el apóstol afirma:

> Una espina me fue clavada en el cuerpo, es decir, *un mensajero de Satanás*, para que me atormentara.
>
> —2 Corintios 12.7, énfasis mío.

Un momento, ¿está Dios detrás de todo eso o es Satanás? ¿Cómo es que un mensajero de Satanás ahora está trabajando para el bien de un siervo de Dios? Eso parece una contradicción total. Todo el mundo tiene una opinión en este momento. Pero permanecemos en tierra firme, teológicamente hablando, si tomamos ese versículo por su valor. Y la implicación es que Dios utiliza a los mensajeros de Satanás en las vidas de sus siervos. ¿Qué más podemos decir?

De hecho, este punto debería ser de mucho consuelo, cuando tomamos lo que se dice aquí y lo comparamos con la vida de Job, obtenemos una figura clara de la soberanía de Dios. Aun las estrategias del diablo pueden ser utilizadas para beneficiarnos y para extender el reino de Dios. Piensa en ello. Aun las huestes de Satanás trabajan bajo la observadora vista de nuestro Padre que está en el cielo.

6. *Dios nos consolará en nuestras adversidades.*

La respuesta que Pablo recibió de Dios en lo que concernía a su espina en el cuerpo no fue lo que esperaba. Sabemos por su oración que tampoco fue lo que realmente quería. Sin embargo, el apóstol fue capaz de tomar como un gran consuelo el hecho de que había recibido una respuesta. La respuesta de Dios a Pablo le sirvió para asegurarle que no había sido abandonado. Que no estaba sufriendo a solas. Que Dios aún tenía el control y que estaba trabajando en la vida de su siervo Pablo.

Nuestro Señor ha prometido que nunca nos dejará ni nos desamparará. E hizo esa promesa en el momento en que aquellos que lo habían seguido fielmente estaban listos para salir a realizar un trabajo que iba a ser difícil. Dios comprobó su fidelidad a esos hombres en aquellos días así como va a hacer lo mismo en tu vida y en la mía.

La primera razón por la que no estamos conscientes del consuelo de Dios en los momentos de adversidad es porque no buscamos ese consuelo. Nos damos por vencidos, nos rendimos. Empezamos a dudar de su sabiduría, de su bondad y, algunas veces, hasta de su misma existencia. *La duda reduce nuestra habilidad para reconocer la mano consoladora de Dios.* Obscurece nuestra visión espiritual. Una vez que dudemos de la bondad y de la fidelidad de Dios, nos aprovecharemos sus esfuerzos por consolarnos.

7. *La gracia de Dios es suficiente en los*
momentos de adversidad.

Dios no le dio a Pablo lo que este le pidió. Pero lo que el apóstol recibió fue mejor, a largo plazo. Dios le concedió a Pablo la gracia que necesitaba para soportar la presión que sufría por la espina que tenía clavada en su cuerpo. Decir que todo lo que Pablo hizo fue simplemente tolerar estar bajo tal presión, es subestimar el caso porque el apóstol soportó su prueba ¡y salió victorioso! Noten como describió su situación:

Pero él me dijo: «Te basta con mi gracia, pues mi poder se perfecciona en la debilidad.» Por lo tanto, gustosamente haré más bien alarde de mis debilidades, para que permanezca sobre mí el poder de Cristo.

—2 Corintios 12.9

Esto no luce como la expresión de un hombre que se ha resignado a sufrir. No encontramos al apóstol Pablo viviendo en sus aflicciones y en sus pruebas de una manera deprimida. Más bien, lo hallamos gozándose en sus debilidades. No, no es que se sintiera ilusionado con las debilidades mismas, sino que le emocionaba el hecho de que la gracia de Dios le diera el poder para reinar en victoria sobre tales debilidades.

Pablo descubrió lo que muchos creyentes jamás descubrirán en toda su vida, esto es, que el poder de Dios es más evidente cuando somos débiles. Al mismo tiempo, en esas circunstancias también es más evidente para los demás. Pablo entendió que era más efectivo cuando era forzado por las debilidades a apoyarse en el poder de Dios que actuaba a través de él, por lo que dice con alegría que hace alarde o, lo que es lo mismo, que se gloría en sus debilidades.

El testimonio de Pablo me anima en este aspecto más que en ningún otro. Si la gracia de Dios fue suficiente para un hombre que dejó su familia, su hogar y sus amigos para plantar iglesias en lugares hostiles; que naufragó, que estuvo en prisión, que fue apedreado y que hasta lo dieron por muerto, tengo confianza en que su gracia es más que suficiente para ayudarme en cualquier cosa que yo enfrente.

8. Es probable que Dios no vea adecuado eliminar la adversidad.

Este es el principio más difícil de aceptar, no solo en el contexto de nuestras propias vidas, sino también en las vidas de aquellos a quienes amamos. ¿Cuántas veces, has visto sufriendo a alguien y has pensado: Señor, *por qué no haces algo?* Hay una dama en nuestra congregación que tiene depósitos de calcio a lo largo de la columna vertebral. Su espalda está tan doblada que le es imposible mirar hacia arriba. Cada domingo, uno de nuestros hombres fieles y su hija la traen a la iglesia. Cuando la dirigen por el pasillo hasta su asiento, siempre pienso: *Señor, qué maravilloso sería si sanaras a esta querida santa.* Sin embargo, parece ser que esta es una adversidad que él no ha decidido eliminar.

Muchos creyentes tienen la idea de que si oran bastante y creen lo suficiente, pueden forzar la mano de Dios; piensan que él se sentirá forzado a quitarles la adversidad. Utilizan mal las Escrituras para tener la sanidad divina de cada enfermedad o de cada aflicción. Las Escrituras, sin embargo, no hacen tal afirmación. En verdad creo en la sanidad divina. De hecho, toda la sanidad es divina. Pero en ningún lugar de la Biblia se nos promete que haya excepciones con respecto a las enfermedades de esta vida. Este mundo aún se encuentra bajo maldición. Y estos cuerpos que están muriendo y que se van acabando están maldecidos junto con todo lo demás.

Pienso en Joni Eareckson Tada, que es un hermoso testimonio de la gracia de Dios en una vida. Ella no sufre de falta de fe. Debo decir que se necesita mucho más fe para soportar estar confinado a una silla de ruedas, toda una vida, que para creer que Cristo Jesús puede sanar. Joni está consciente de que Jesús podría escucharla en algún momento. Pero también sabe que, por el momento, él ha decidido utilizarla así como está.

Jesús nunca prometió eliminar nuestro dolor y nuestro sufrimiento en esta vida. Es cierto que hay casos en los que lo hace. Algunos son bastante milagrosos. Pero esas son las excepciones, no la regla. Jesús les dijo a sus discípulos:

> Yo les he dicho estas cosas para que en mí hallen paz. En este mundo afrontarán aflicciones, pero ¡anímense! Yo he vencido al mundo.
>
> —Juan 16.33

Pablo sabía lo que era vivir en la adversidad. Conocía la frustración que produce darse cuenta de que el alivio nunca va a llegar; ya que, habiendo pedido tres veces, se le había negado. Sin embargo, no se quejó ni se amargó; no dudó de la bondad ni de la misericordia de Dios. En vez de eso experimentó el poder de Dios. Pablo aprendió a depender cada día de la gracia de Dios. Aun fue capaz de aceptar el hecho de que Dios lo estaría quitando del servicio si quitaba aquella espina que tenía clavada en su cuerpo. Y así aprendió a estar contento, aun en medio de un sufrimiento constante.

A nadie le gusta sufrir. En lo más profundo de nuestros corazones, todos deseamos un alivio inmediato del dolor y de la tristeza. Dios entiende nuestras debilidades y nuestras tristezas. Hay ocasiones, sin embargo, en las que a pesar de nuestra inconveniencia, él permite que nuestra adversidad persista. Lo mejor que podemos hacer es simplemente someternos a su decisión soberana, sabiendo que su gracia será suficiente para cualquier cosa que enfrentemos.

9. El contentamiento no depende de la naturaleza de nuestras circunstancias.

En mi vida he conocido a muchas personas que casi nunca están contentas. Constantemente están inquietas. Siempre arreglan y «rearreglan» sus vidas. Nunca están satisfechos consigo mismos ni con las circunstancias. La promesa de la cual surgen la mayoría de sus decisiones es que el contentamiento depende de las circunstancias que se atraviesan. En otras palabras, lo que rodea a una persona —trabajo, esposa, salario, casa, auto— determina la paz de la mente y la satisfacción.

Por consiguiente, como no están satisfechos con la vida, empiezan a cambiar de cosas, renuncian a sus trabajos, venden la casa, cambian de coche o, en algunos casos, hasta buscan un nuevo matrimonio. Pronto, sin embargo, vuelven a tener ese sentimiento que los atormenta. Y vuelven a hacer más cambios.

Ahora bien, si lo piensan por un momento, nadie necesitaba más un cambio de escenario que el apóstol Pablo. Parecía que su vida iba de mal en peor. En esta misma carta él enumera los riesgos que enfrentó en su intento por difundir el evangelio:

Cinco veces recibí de los judíos los treinta y nueve azotes. Tres veces me golpearon con varas, una vez me apedrearon, tres veces naufragué, y pasé un día y una noche como náufrago en alta mar. Mi vida ha sido un continuo ir y venir de un sitio a otro; en peligros de ríos, peligros de bandidos, peligros de parte de mis compatriotas, peligros a manos de los gentiles, peligros en la ciudad, peligros en el campo, peligros en el mar y peligros de parte de falsos hermanos. He pasado muchos trabajos y fatigas, y muchas veces me he quedado sin dormir; he sufrido hambre y sed, y muchas veces me he quedado en ayunas; he sufrido frío y desnudez.

—2 Corintios 11.24-27

Habiendo experimentado todo eso, aún es capaz de decir:

Por eso me regocijo en debilidades, insultos, privaciones, persecuciones y dificultades que sufro por Cristo; porque cuando soy débil, entonces soy fuerte.

—2 Corintios 12.10

A esta misma idea el apóstol le da eco en su misiva a los creyentes de Filipos:

No digo esto porque esté necesitado, pues he aprendido a estar satisfecho en cualquier situación en que me encuentre. Sé lo que es vivir en la pobreza, y lo que es vivir en la abundancia. He aprendido a vivir en todas y cada una de las circunstancias, tanto a quedar saciado como a pasar hambre, a tener de sobra como a sufrir escasez.

—Filipenses 4.11-12

Si Pablo pudo estar contento en medio de aquellos ambientes hostiles, creo que es seguro decir que el estar contento no depende de las circunstancias. Pablo enfrentó la adversidad a todos los niveles; desde la prisión, hasta las enfermedades y hasta el rechazo de su propio pueblo. Sin embargo, afirmó estar «muy contento».

El «secreto» de Pablo, como lo refiere en Filipenses, era su relación con Cristo. Descubrió que el verdadero y duradero contentamiento no se encuentra en las cosas, sino en la Persona. Podía estar contento en las circunstancias más adversas porque su meta en la vida era ser agradable al Señor (ver 2 Corintios 5.9). Era suficiente saber que se encontraba en donde el Señor quería que estuviera. No necesitaba cosas materiales que le dieran satisfacción.

Puede que digas: «Bueno, eso suena demasiado espiritual, pero ¿qué tan real es pensar que podemos encontrar contentamiento independientemente de las circunstancias?». Creo que lo es en extremo. Y no pienso que este sea un principio que se aplique a un cierto grupo de creyentes. Esta clase de contentamiento es para todos los cristianos. De otra manera pasaríamos invirtiendo la mayor parte del tiempo y de nuestra energía en mejorar nuestras circunstancias más que en servir a Cristo. No estoy en contra de que una persona mejore, pero tengo problemas con aquellos creyentes que están tan entretenidos en subir su estilo de vida que tienen poco tiempo para Dios y para su iglesia.

Para Pablo, aprender a estar contento en cada circunstancia era una necesidad. No hubiera sobrevivido si este principio no diera resultado. Sin embargo, como hemos visto, Pablo hizo algo más que simplemente sobrevivir; él «reinó» en vida a través de Cristo (ver Romanos 5.17). El contentamiento está disponible para todos nosotros, a pesar de nuestras circunstancias, si tan solo consagramos nuestras vidas a los propósitos y al plan de Dios.

10. La clave para avanzar a través de la adversidad es verla como por causa de Cristo.

Pablo entendió que su propósito en la vida era dar gloria a Dios predicando el evangelio de Cristo. Por lo tanto, cualquier cosa que le haya sucedido en el proceso de obedecer a Dios realmente se debía a Cristo, me explico, la gente no lo estaba rechazando a él. Estaban rechazando su mensaje y de esa manera a Cristo.

> Por eso me regocijo en debilidades, insultos, privaciones, persecuciones y dificultades que sufro por Cristo; porque cuando soy débil, entonces soy fuerte.
>
> —2 Corintios 12.10, énfasis mío.

Pablo no tomó personalmente lo que le estaba sucediendo. Se dio cuenta de que su sufrimiento era el resultado directo de su misión en la vida. Aun su espina en su cuerpo era por causa de Cristo. Se le había dado para que no se olvidara de su ministerio y para que no dañara la causa de Cristo. Pablo no se gloriaba en el sufrimiento por causa del mismo, sino por causa de Cristo. Había un propósito en todo lo que experimentaba.

Tu misión en la vida es dar gloria a Dios a través de la difusión del evangelio de Cristo. Puede que nunca te pares ante un púlpito. Quizás nunca salgas de tu ciudad. A pesar de las oportunidades que tengas o del lugar al que vayas, tu misión sigue siendo la misma. Cuando seas consumido por el llamamiento de Dios a tu vida, todo tendrá un nuevo significado. Empezarás a ver cada faceta de tu existencia —incluido tu dolor— como un medio a través del cual Dios puede trabajar para traer a otros a él. Cuando Dios utiliza la adversidad en tu vida para llevar personas a él, has sufrido por la causa de Cristo.

Sabemos que Dios puede utilizar nuestro tiempo, nuestro dinero y nuestro talento. Entonces, ¿por qué no también nuestro sufrimiento? He escuchado muchas invitaciones en las los predicadores les han pedido a las personas que dediquen a sus hijos, casas y negocios al servicio del Señor. Todavía tengo que escuchar al predicador que desafíe a su congregación a que dediquen su adversidad al Señor. Sin embargo, nada llama la atención del mundo perdido tanto como un santo que está sufriendo exitosamente. La tristeza y el dolor son herramientas poderosas en las manos correctas.

¿Por causa de quién estás sufriendo? La mayoría de las personas sufren por causas propias. Por consiguiente, se amargan, se enojan y es difícil convivir con ellas. Pablo se dio cuenta de que su sufrimiento era por causa de Cristo. Era simplemente un medio más de expresar la gloria y la gracia del Señor a un mundo perdido. Puede que Dios quiera librarte de las adversidades de tu vida. Pero puede que decida retrasar tu liberación para usar tu sufrimiento para su causa.

Es probable que digas que eso es cruel, y puede parecer así por el momento, pero recuerda que él no escatimó ni a su propio Hijo. Tú y yo tenemos vida eterna porque Cristo sufrió y murió por causa de su Padre. Fue a través del dolor del Señor que muchos fueron reconciliados para con Dios. Y nosotros que decimos que le conocemos tendríamos que andar como él anduvo. Es decir, deberíamos hacer que nuestro dolor estuviese disponible para Dios, de modo que lo utilice como mejor le parezca. Y entonces nosotros, también, soportaremos estas cosas por causa de Cristo.

Reflexiona

Cuando pienso en esas diez lecciones que Pablo aprendió acerca de la adversidad, el casi parece ser más grande que la vida. Hace que todo luzca muy sencillo. Pero resulta de esa manera porque, cuando do Pablo escribió esa carta a la iglesia de Corinto, ya había asimilado esos principios en su estilo de vida. Es como ver a los jugadores en un encuentro profesional de tenis; hacen ver todo muy sencillo. Me dan deseos de ir a casa, sacar mi raqueta y empezar a golpear pelotas de tenis tan fuerte como pueda. Porque parece como si eso fuera todo lo que ellos hacen. Lo que no veo son las horas y más horas de práctica y evaluación a través de las cuales pasan antes de llegar al torneo. Cuando leemos acerca de la vida de Pablo, en Hechos y en sus otras epístolas, estamos viendo lo mejor de él, miramos el final del aprendizaje de toda una vida. No es que con eso quitemos algo de lo que él dice. Al contrario, cuando leemos 2 Corintios 12 deberíamos sentirnos más motivados, ya que nos muestra lo que es posible si perseveramos. Ello sirve como recordatorio de la abundante gracia de Dios. Sirve como advertencia para aquellos que agitan sus puños ante Dios cuando les golpea la adversidad. La vida de Pablo estaba llena de sufrimientos radicales en los que cada uno de nosotros debe reflexionar. *Si Dios pudo sostenerlo a través de todo eso, no tengo de qué preocuparme.*

Realmente no tienes nada de qué preocuparte; la gracia de Dios es, aun en estos momentos que estás leyendo, suficiente para cualquier cosa que estés enfrentando. Tu responsabilidad es someterte al señorío de Cristo y decirle:

Haz lo que quieras, Señor, haz lo que quieras;
Tú eres el alfarero, yo soy el barro;
Moldéame y hazme conforme a tu voluntad
Mientras espero, te cedo el paso y espero.

Cuando esto se convierta en la oración sincera de tu corazón, tú también estarás contento con tus debilidades y habrás dado otro paso gigantesco para avanzar a través de la adversidad.

Capítulo 15

Responde a la adversidad: la decisión es tuya

Empezamos en el capítulo 1 viendo las posibles fuentes de adversidad. Encontramos que hay tres de ellas: Dios, Satanás y el pecado. Pero no siempre es fácil discernir la fuente de nuestras adversidades. Aun hemos visto casos en la Biblia en los que parecen mezclarse. Es evidente que el interés principal de Dios no es que entendamos la fuente de nuestra adversidad. De otra manera lo hubiera dejado bien claro. Dios está, sin embargo, extremadamente interesado en la forma en que respondemos a la adversidad, ya que nuestra respuesta determina si es que la adversidad va a traer o no el resultado deseado.

La naturaleza de nuestra calamidad no determina su valor espiritual en nuestras vidas. Es nuestra reacción a ella, la forma en que tratamos con ella, lo que hace que nuestro sufrimiento sea de algún valor. Todos hemos visto personas que han enfrentado tiempos terribles y que se doblegaron ante la presión. Hay los que se halan unos a otros y continúan para aprender lo que Dios quiere enseñarles. Otros, nunca se recuperan.

El juego de la culpa

Cuando llega la adversidad, a menudo nuestra primera respuesta es culpar a alguien o a algo. Puedo recordar el lugar donde sucedió un accidente automovilístico y en el que escuché a un estudiante universitario tratando de explicar al oficial de policía por qué había dado vuelta enfrente de la señora. Estaba seguro de que no había sido su falta; algo en el ángulo del semáforo lo descontroló. Él era claramente el culpable. Pero ese joven estaba tan enojado por haber chocado su auto, que no podía soportar siquiera la idea de que él tuviese la culpa.

Todos tenemos la tendencia a desquitarnos con aquellos que nos rodean cuando las cosas no salen bien o cuando se nos lastima. Recuerden la respuesta de Marta y de María: «Señor, si hubieras estado aquí...». Ciertas personas culpan a Dios. Otras culpan a Satanás. Pero, por lo general, le echamos la culpa a otra persona en el intento por evadir nuestra responsabilidad. Si el culpar a otro no nos lleva a ningún lugar, nos vamos a encontrar luchando con el problema nosotros mismos. Tratamos de manipular o de adaptar las circunstancias a nuestro favor para librarnos del dolor y de las inconveniencias. Esa es la razón de muchas demandas judiciales. Las personas que han sido despedidas o que se les ha pasado por alto para una promoción demandan a la compañía. Se sienten movidos a pelear por sus derechos.

Otra forma en que las personas reaccionan ante la tragedia es la negación. Simplemente, no enfrentan lo sucedido. Actúan como si nada estuviera mal. Veo esto en situaciones en las que alguien ha perdido a un ser querido. El padre o el amigo rehúsan ver la separación como algo permanente. Casi siempre esa es una situación temporal. Con el tiempo, la mayoría de esas personas son capaces de aceptar lo sucedido.

Cualquiera de las respuestas anteriores fácilmente se pueden convertir en amargura; amargura en contra de la persona o de la organización a través de la cual viene la adversidad o aun contra Dios. Cuando las personas se amargan, el solo pensar en el que les causó la herida hace que el estómago se revuelva. La amargura hace que las personas reaccionen exageradamente ante las circunstancias que les recuerdan a los que los lastimaron.

En esta etapa las personas pueden pensar en la venganza. Todos somos culpables en un momento u otro de ensayar en nuestras mentes lo que nos gustaría hacerle a alguien si tuviéramos la oportunidad de salirnos con la nuestra. Nos imaginamos entrando en la oficina de nuestro jefe para desquitarnos. O quizás, llamando a nuestros padres para decirles lo que pensamos. Cualquiera que sea el caso, cuando entra en escena una rutina de confrontaciones imaginarias, esa es una clara indicación de que la amargura se ha colado.

La amargura en contra de Dios es casi lo mismo. Una persona que está enojada con Dios no puede discutir acerca de la religión con objetividad. Siempre hay emociones de por medio. Conocí a dos personas que se autodenominan ateos y que se pusieron rojos cuando surgió el tema de Dios. Uno piensa que el hablar de algo que no existió llevaría a una discusión intelectualmente orientada. Pero el ateísmo de esas personas no provenía de la investigación ni de la búsqueda intelectual, sino de las heridas. En algún momento habían creído en Dios, pero él no actuó de la manera que ellos pensaban que lo iba a hacer, así que habían decidido que él no existía. Tal es el poder de la amargura.

El lado de la compasión

Otra manera común de tratar con la adversidad es la autocompasión: «Oh, y ahora ¿qué voy a hacer? Nadie se preocupa por mí. Vean mi situación. No tengo remedio. Dentro de poco ya no tendré amigos. Voy a estar solo». La autocompasión es resultado del enfoque excesivo en uno mismo, habiendo dibujado un círculo imaginario alrededor de uno y de las circunstancias. A las únicas personas que les permitirán entrar son aquellas que se les quieran unir en su miseria. Por consiguiente, a menudo terminan solos. Nadie quiere estar alrededor de esas personas por mucho tiempo. La soledad sirve para reforzar su perspectiva negativa, por lo que se cerrarán más todavía.

No es raro que esas personas se depriman. La falta de esperanza los abruma, por lo que no ven ninguna razón para continuar viviendo. Las personas deprimidas no son capaces de interpretar de manera adecuada los hechos que les sobrevienen. Así que, si se les deja solos, tienden a empeorar. El responder de la manera equivocada a la adversidad siempre tendrá un efecto devastador. Las personas que reaccionan en cualquiera de las formas descritas siempre serán perdedores. Es comprensible entonces por qué aquellos que son lastimados reaccionan de la manera en que lo hacen. Pero a pesar de qué tan comprensible pueda ser su respuesta, si esta es equivocada, sufrirán de la misma manera. Aferrarse a la ira y a la amargura siempre es autodestructivo. Ambas son venenosas. Envenenan tus relaciones, tu habilidad para tomar decisiones y tu testimonio. No puedes ser consumido por la ira, por la amargura, y salir como vencedor de la adversidad. Responder de la manera incorrecta a la calamidad es prolongar la agonía. Esto es especialmente cierto si es que hay algo específico que Dios quiere enseñarte. Él no va a ceder hasta que haya hecho su voluntad.

Ha habido ocasiones en las que me he sentido como si estuviera en el timón de un barco. Yendo una y otra vez alrededor, experimentando el mismo dolor una y otra vez, y digo; «Señor, ¿qué estás haciendo?, ya he pasado por esto». Es como si él dijera: «Tienes razón, pero cuando respondas de la manera correcta, te dejaré libre».

Dios quiere utilizar nuestro dolor y nuestras tristezas para algo positivo. Cuando respondemos de la manera incorrecta, podemos descansar confiados en que buscará una nueva forma para darnos una segunda o tercera oportunidad a fin de que reaccionemos adecuadamente.

En su libro *No desaproveche sus aflicciones*, Paul Billheimer afirma el mismo principio de esta manera:

Darle paso a la autocompasión, la depresión y a la rebelión es desperdiciar la tristeza. Aquellos que han buscado la sanidad sin éxito y que se someten al resentimiento, al descontento, a la impaciencia y a la amargura en contra de Dios, están desperdiciando lo que Dios intentó para su crecimiento en amor y de esa manera fortalecer su reino eterno.

Dios intenta utilizar la adversidad en nuestras vidas. Siendo ese el caso, lo más sabio que podemos hacer es aprender a responder correctamente. Al hacer eso, trabajamos con Dios, no en contra de él.

La respuesta correcta

He dividido esta discusión en dos partes, primero: ¿cómo responder a la adversidad que es resultado del pecado? Seguido a eso, nos dirigiremos a cuál debe de ser la actitud cuando las adversidades se originan en Dios o en Satanás.

La paga del pecado

El pecado siempre da como resultado alguna forma de adversidad. Ciertos tipos son más obvios que otros y algunos son más devastadores en sus efectos. Pero siempre hay una consecuencia, algún efecto, de cualquier clase, aunque solo sea la culpa. Los siguientes son algunos pasos que he considerado útiles para tratar con las consecuencias del pecado.

1. Asume la responsabilidad.

No busques a alguien más a quien culpar. No pienses en qué habría pasado si alguien hubiera hecho algo diferente. Acepta la responsabilidad; poséela. Admite que estás enfrentando circunstancias adversas debido a tu propio proceder.

2. Confiesa y arrepiéntete de tu pecado.

Confesar es estar de acuerdo con Dios. Dile a Dios que has pecado. No que cometiste un error. No que ha sido un accidente. Simplemente concuerda con él en que ha sido un pecado. Luego arrepiéntete y toma la decisión de no volver a hacerlo. Eso puede que te lleve a terminar una relación. Puede significar dejar tu empleo. Puede que tengas que regresar a las personas a las que les has hecho mal y disculparte con ellas. Quizás le has robado a alguien. El arrepentimiento implica devolver lo que has tomado. Arrepentirse es hacer los arreglos necesarios para no regresar al mismo pecado. De esa manera Dios sabe que eres serio.

3. No te quejes.

Si estás sufriendo por algo que has hecho, no tienes derecho de quejarte. Tú mismo trajiste eso sobre ti. No gastes tu tiempo haciendo que la gente se compadezca de ti. Utiliza tu energía para poner bien las cosas con Dios.

4. Pídele a Dios que te ayude a descubrir las debilidades a través de las cuales el pecado ha entrado en tu vida.

¿Hay alguna falla en tu manera de pensar? ¿Has adoptado ideas en tu filosofía de vida que son contrarias a las Escrituras? ¿Tienes alguna área de inseguridad con la cual no has tratado? ¿Tienes amistades que te seducen? ¿Hay alguien en tu vida que sea una fuente continua de tentación? Preguntas como estas, pueden ayudarte a señalar la puerta por la cual ha entrado el pecado a tu vida y ha encontrado un lugar para descansar.

5. Reconoce que Dios quiere utilizar esta adversidad en tu vida.

Cualquiera que sea la fuente, la adversidad siempre es una herramienta cuando se confía a las manos del Señor. Dile: «Señor, sé que estoy sufriendo por causa de mi propio proceder. Pero confío en que vas a utilizar este tiempo de adversidad para profundizar mi fe y para fortalecer mi consagración a ti».

6. *Agradécele a Dios por no permitirte que te salgas con la tuya.* El verdadero arrepentimiento es seguido de una gratitud genuina. Cuando ves tu pecado por lo que es y crees que Dios disciplina a aquellos a quienes ama, cobra sentido el hecho de agradecerle por enviar la adversidad a tu vida, si eso es lo que se necesitaba para que no te siguieras lastimando. A nadie le gusta la calamidad. Pero puedes y debes ser agradecido por lo que hace la adversidad.

Adversidad de arriba y de abajo

La respuesta a la adversidad que se origina en Dios o en Satanás es diferente a la que responde meramente a las consecuencias del pecado. Sin embargo, la manera en que respondes cuando Dios está detrás de ella y el modo en que respondes cuando Satanás está detrás es exactamente idéntica. Puede que esto sea sorprendente. Pero piensa en ello. La mayoría de las veces no sabes quién está detrás de la adversidad. Y, en realidad, eso no importa. Lo que vale es tu respuesta. Más allá de eso, sin embargo, otro principio se convierte en un factor. Sabes que si Dios está detrás de ella, él la va a utilizar para tu bien. Si Satanás está detrás de ella, sabes que trabaja bajo la supervisión de Dios. Como lo has visto en la vida de Pablo, Dios utiliza las estrategias de Satanás para llevar a cabo su voluntad. No estás presionado para descubrir cuál es la fuente, pero se espera que respondas correctamente.

Es muy probable que pienses: *Pero ¿no debería resistir al diablo? ¿No debería estar en contra de él con las Escrituras y con la oración?* Absolutamente, cuando viene contra ti con la tentación. Porque sabes que Dios no tiene parte en eso de tentarte. Pero no estamos hablando de la tentación. El enfoque es la adversidad, la tragedia inesperada, el sufrimiento. Cuando ocurren esas cosas, y sabes que no es resultado directo de tu pecado, veamos la manera en que debes responder:

1. Reafirma tu posición en Cristo.

Recuerda quién eres y lo que tienes en Cristo. Hacerlo en voz alta es de mucha ayuda. Puedes decir algo como lo siguiente:

Sé que soy un hijo de Dios. Soy salvo. He sido puesto en Cristo. Estoy sellado con el Espíritu Santo. Mi destino eterno está decidido y nada lo puede cambiar. El Señor nunca me dejará ni me desamparará. El ángel del Señor acampa a mi alrededor. Nada puede tocarme aparte de lo que permita mi Padre celestial. Todas las cosas ayudan a bien puesto que amo a Dios y he sido llamado de acuerdo a su propósito en Cristo Jesús.

En su libro *God's New Creation*, Jack Taylor enumera trescientas sesenta y cinco afirmaciones que son ciertas en el creyente. Él las llama «confesiones de la nueva creación». Y le llegaron en un momento de su vida cuando él también estaba luchando contra la adversidad. Por eso escribe:

Un día, lejos de casa y a solas, parecía estar rodeado de una nube de ansiedad, incertidumbre y depresión. No podía señalar la fuente exacta de mi problema, pero los sentimientos tenían que ver con mi posición real ante Dios. Cuanto más lo pensaba, más me desesperaba. Al final hablé con Dios estas palabras: «Realmente me gustaría saber qué es lo que piensas de mí». El Señor empezó a comunicarse con mi turbado corazón, pidiéndome que fuera a la Palabra como si me estuviera diciendo:
«Ya he dejado bien claro lo que pienso de ti en mi Palabra...
¡léela!

De esa experiencia, Jack desarrolló estas trescientas sesenta y cinco confesiones. Verdades como estas son esenciales para mantener la perspectiva correcta al enfrentar la adversidad. La razón es que la autoestima y la confianza en Dios son casi siempre las dos cosas más afectadas por la tragedia: «¿Cómo pudo *Dios* permitir que esto me pasara a *mí*?». En los momentos de desesperación necesitas una dosis buena y fuerte de la verdad que alivie tu turbado corazón.

2. Pídele a Dios que quite la adversidad de tu vida.
Por lo general es aquí donde empezamos y estoy seguro que el Señor entiende. Pero sería mejor pedirlo después de que hayamos obtenido una nueva perspectiva. Pablo pidió que su adversidad fuera eliminada. Dios no le reprochó por tal petición. A Dios tampoco le va a molestar tu petición. Aun tu oración pidiendo misericordia es una expresión de dependencia y de fe. Dios siempre se complace cuando manifestamos nuestra fe.

3. Reafirma la promesa de la gracia de Dios que sustenta.
Como lo hemos visto, Dios puede decidir no quitar la adversidad de nuestra vida al instante. Cuando ese es el caso, el imperativo es que te apoyes en su gracia más que en tus propias fuerzas. Las personas que tratan de soportar el sufrimiento por sus propias fuerzas se caen con todo el peso. Admite de inmediato que no tienes fuerza para soportar la presión. Clama a Dios por misericordia. Él te va a escuchar. Su gracia te bastará momento a momento para que salgas de ella.

4. Agradécele a Dios la oportunidad de crecer espiritualmente.
Debes buscar lo que Dios quiere hacer en tu adversidad o te lo puedes perder. No existes simplemente para soportar el sufrimiento; debes madurar y crecer a través de él. Desde el principio debes buscar las lecciones que Dios quiere enseñarte. La mejor manera para desarrollar esta actitud es agradeciéndole cada día por el crecimiento espiritual que le está dando a tu vida.

5. Recibe la adversidad como si fuese de Dios.
No importa si la adversidad que estás sufriendo se originó en Satanás. Recíbela como si fuera de Dios. Sabes que no te puede

suceder nada a menos que él lo permita. Y si lo permite, debe tener un propósito. Por lo tanto, mientras Dios esté llevando a cabo su propósito a través de la adversidad en tu vida, puedes recibirla como si viniera de él. Cuando respondes a la adversidad cómo si fuera de Satanás, la tendencia es a luchar en su contra. Al permanecer, vas a empezar a dudar de Dios.

Aprendí este principio en uno de los períodos más difíciles de mi vida. Después de haber estado como pastor por solo un año en la Primera Iglesia Bautista, varios diáconos empezaron un movimiento para sacarme de esa posición. Conforme oré, supe sin duda alguna que Dios quería que me quedara. Las cosas se pusieron feas por un tiempo. Personas que creí que eran mis amigos me dieron la espalda. No sabía en qué posición estaría de una semana a otra.

Por un lado, sabía que si Dios quería que me quedara en esa iglesia y ellos querían que me marchara, ciertamente ellos no estaban siendo guiados por el Espíritu. Eso dejaba solo una opción. Claramente Satanás estaba detrás de la controversia. Sin embargo, por el otro lado, sabía que también Dios estaba en ello. Un día estaba orando en mi oficina cuando me embargó un pensamiento que ahora sé que venía del Señor. *La única manera de tratar con esto es no viendo a los hombres, sino manteniendo tus ojos en mí. No importa quién diga qué, cuándo, dónde o cómo. Debes ver todo esto como que viene de mí.*

De ese momento en adelante, empecé a agradecerle a Dios por lo que estaba haciendo. Las cosas empeoraron antes de mejorar, pero Dios fue fiel. E hizo muchas cosas grandes durante ese tiempo, tanto en mi vida como en la de la iglesia. A pesar de todo el rechazo y de la mentira, nunca me amargué. Aun ahora no guardo ningún resentimiento. Lo que me mantuvo a través de todo aquello fue confiar en que Dios, de alguna manera, estaba en el asunto y que cuando él cumpliera su propósito, las cosas iban a cambiar. Mientras tanto mi responsabilidad era permanecer fiel.

Mientras seas capaz de creer que Dios está involucrado en la adversidad que estás enfrentando, tendrás esperanza. No importa quién la haya empezado, ¡Dios está en ella! Y si está en ella, su gracia te va a bastar. No hace ninguna diferencia la fuente de donde proviene. Importa muy poco quién es el mensajero. Mientras respondas como si fuera de Dios, saldrás ganador.

6. Lee y medita en los relatos que describen las adversidades de los siervos de Dios.
Lee la historia de José. Ponte en el lugar de Moisés cuando se le dijo que no podía entrar a la tierra prometida. Ve la manera en que Dios le proveyó a Abraham cuando se quedó con la tierra menos deseable. Imagínate qué tonto se sentiría Noé construyendo el arca. La Biblia contiene una ilustración tras otra de la fidelidad de Dios en las circunstancias adversas. Llena tu mente con esas verdades. Pídele que abra tus ojos en cuanto al lado humano de esos personajes para que puedas identificarte con su dolor y su tristeza. Después, habita en la promesa de Cristo de cuidar por aquellos a quienes ama (ver Mateo 6.25-34). De la misma manera que fue fiel a aquellos cuyas historias están en el Antiguo y en el Nuevo Testamento, te va a demostrar su fidelidad a ti.

Una palabra final

El sufrimiento es inevitable. Llega sin ninguna advertencia; nos toma por sorpresa. Puede debilitarnos o fortalecernos. Puede ser la fuente de una gran amargura o de gozo en abundancia. Puede ser el instrumento por el cual nuestra fe es destruida. O puede ser el medio por el que nuestra fe se profundiza. El resultado no depende de la naturaleza de la fuente de nuestra adversidad, sino del carácter y del espíritu de nuestra reacción. Nuestra respuesta a la adversidad será en gran parte determinada por la manera en que veamos la razón para vivir y nuestro propósito al estar en esta tierra. Si eres un hijo de Dios cuyo deseo es ver a Cristo glorificado a través de ti, la adversidad no te va a derrotar. Habrá esos momentos iniciales de confusión y de choque. Pero el hombre y la mujer que tienen la perspectiva de Dios en esta vida y en la vida porvenir, ¡siempre saldrán victoriosos!

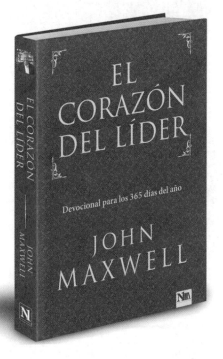

Porque el Señor da la sabiduría; conocimiento y ciencia brotan de sus labios....
Él cuida el sendero de los justos y protege el camino de sus fieles.
Entonces comprenderás la justicia y el derecho, la equidad y todo buen camino;
Proverbios 2:6, 8–9

El liderazgo no es para los de corazón débil, aún cuando a veces hasta el líder más fuerte tiene sus dificultades. Tu liderazgo ¿cómo funciona? Así como otros dependen de ti ¿de quién puedes depender? La respuesta es Dios, el Líder de los líderes.

Cuanto más tiempo pases meditando en el aliento y la guía que Él brinda, más fuerza hallarás para enfrentar las exigencias de cada día. Lee este diario de John Maxwell todos los días del año. Te muestra el camino para que puedas liderar según el corazón de Dios.

JOHN MAXWELL es un experto en liderazgo reconocido a nivel internacional, orador y autor que ha vendido más de 22 millones de libros. Es el fundador de la John Maxwell Company, el John Maxwell Team y EQUIP, organizaciones que han capacitado a más de 5 millones de líderes en 185 países.

Otro libro de:  www.editorialniveluno.com *Para vivir la Palabra*

¡DEJA DE CAMINAR SEGURO Y COMIENZA A CORRER HACIA EL RUGIDO!

Persigue tu león es más que un eslogan; se trata de un enfoque radicalmente diferente ante la vida. Solo cuando dejamos de temer al fracaso podemos agarrar a la oportunidad por la melena.

En base a 2 Samuel 23, *Persigue tu león* narra la historia real de un antiguo guerrero llamado Benaía que persiguió a un león hasta un hoyo un día con mucha nieve… y lo mató. Para la mayoría de la gente, esa situación no sería simplemente un problema... sería el último problema al que alguna vez se enfrentaron. Para Benaía, era la oportunidad para entrar en su destino. Después de derrotar al león, consiguió el trabajo con el que soñaba —guardia personal del rey David— y, al final, se convirtió en comandante en jefe del ejército de Israel bajo el imperio de Salomón.

Escrito de una manera que desafía y anima, este libro revolucionario te ayudará a dar rienda suelta a la fe y al valor que necesitas para identificar, perseguir y atrapar tus sueños.

¡PERSIGUE TU LEÓN!
¡CAMBIA TU MUNDO!

MARK BATTERSON es autor de una docena de best sellers del *New York Times,* entre ellos *Persigue tu león, Sé hombre, Tras el rastro del ave salvaje* y *Susurro.* Batterson es pastor de la congregación *National Community Church,* una de las iglesias más innovadoras e influyentes en Estados Unidos. Mark y su esposa Lora, viven con sus hijos en Capitol Hill.

Le invitamos a que visite nuestra página web donde
podrá apreciar nuestra pasión por la publicación
de libros y Biblias:

WWW.EDITORIALNIVELUNO.COM

www.EditorialNivelUno.com

Para vivir la Palabra